LES 100 RÉPLIQUES CULTES DU CINÉMA FRANÇAIS

Le Figaro : 14, boulevard Haussmann, 75009 Paris.
Directeur général, directeur de la publication : Marc Feuillée.
Directeur des rédactions : Alexis Brézet.
Directeur de la diversification éditoriale : Pierre Doncieux.
Auteur : Laurence Caracalla.
Directeur de création : Philippe Gruson.
Illustrations : André de Chastenet.
SR-révision : Joseph Castaldo.
Maquette : Franck Varillon, Sophie Trotin et Sarah Zanet.

Editeur : Robert Mergui.
Chef de projet en charge de la coordination éditoriale : Nathalie Hervo.
Directeur industriel : Marc Tonkovic.
Directeur de la diffusion : Philippe Grinberg.
Chargée de communication : Aurélie Broux.
Pré-presse : Emmanuelle Dauer, Alain Penet, Corinne Videau.

ISBN : 978-2-8105-0864-8

Achevé d'imprimer en septembre 2019 sur les Presses de l'imprimerie POLLINA, France - 90692.

LES 100 RÉPLIQUES CULTES DU CINÉMA FRANÇAIS

Imaginez : devant sa table de travail, un homme invente les mots que d'autres prononceront. Il doit trouver le ton, le rythme, devenir, le temps de l'écriture, quelqu'un d'autre : un personnage de film. Etre drôle ou romantique, agacé ou bouleversé, suivre à la lettre le scénario. Et, plus que tout, relever le plus difficile des défis : « sonner » vrai, disparaître, pour laisser le comédien faire croire que cette réplique culte, celle dont on se souvient depuis l'enfance et qu'on n'oubliera sans doute jamais, est l'œuvre de celui qui l'énonce. Les dialoguistes sont des magiciens. Marcel Pagnol, Jacques Prévert, Henri Jeanson, Michel Audiard, Jean-Loup Dabadie, Danièle Thompson… nous négligeons parfois ce que nous devons à ces « écrivains du cinéma » : quelques larmes, beaucoup de fous rires et la passion du 7e art. Dans cette anthologie, nous avons sélectionné les répliques du cinéma français qui nous paraissent immortelles. Le choix est certes subjectif : certains lecteurs retrouveront les dialogues de leur panthéon personnel, d'autres nous reprocherons inévitablement d'avoir omis ceux qu'ils chérissent depuis des années. Tous, en tout cas, devraient être d'accord sur un point : le temps passe, les répliques restent. Mieux, elles font partie de nos vies. Qui n'a jamais glissé l'une d'entre elles dans une conversation ? « Tu me fends le cœur ! », « Ça vous gratouille ? », « T'as d'beaux yeux, tu sais », « Si j'avais su, j'aurais pas venu », « J'ai connu une Polonaise qui en prenait au petit déjeuner », « Alors, on attend pas Patrick ? » : à chaque situation, nous reviennent ces mots proclamés par Raimu, Gabin, Jouvet, Ventura ou Dubost.
Il était grand temps de rendre hommage à ces dialoguistes sans qui les films français auraient tellement moins de goût, tellement moins de charme. Merci à eux : ils nous laissent bien plus que des répliques, des souvenirs.

Laurence Caracalla

A de Chastenet

MARIUS

1931

RÉALISATION : ALEXANDER KORDA
SCÉNARIO ET DIALOGUES : MARCEL PAGNOL
ACTEURS : RAIMU ET FERNAND CHARPIN

La partie de cartes du film de Marcel Pagnol est l'une des scènes les plus célèbres de la « trilogie marseillaise » et même du cinéma français ! César, patron du Bar de la Marine, et ses amis, Escartefigue, capitaine du ferry-boat, Panisse, maître voilier et M. Brun, vérificateur des douanes, le Lyonnais à l'accent pointu, se retrouvent depuis des années autour d'une table pour jouer à la manille. Comme à son habitude, le truculent César triche outrageusement. Maître Panisse, furieux, quitte la partie. 90 ans plus tard, *« Tu me fends le cœur »* demeure une réplique mythique.

– Tu me surveilles comme si j'étais un scélérat, un bandit de grand chemin, je te remercie. Tu me fends le cœur.

– Allons, César.

– Y'a pas de César, tu me fends le cœur. Tu me fends le cœur. Oh, alors, on joue plus, qu'est-ce qu'on fait ? Ah moi, il me fend le cœur, à toi, il te fait rien ?

MARIUS

1931

RÉALISATION : ALEXANDER KORDA
SCÉNARIO ET DIALOGUES : MARCEL PAGNOL
ACTEURS : RAIMU ET PAUL DULLAC

Suite de la partie de cartes qui, décidément, tourne mal. Après le départ de Panisse, c'est, cette fois, Escartefigue qui, furieux, quitte la table. Sous le regard embarrassé du charmant M. Brun, César vient de traiter son ami de *« cocu »,* précisant qu'il y en a pléthore chez les marins. C'en est trop et, si César s'excuse, Escartefigue prononce LA phrase, celle qui restera dans les annales : *« Il se peut que tu aimes la marine française, mais la marine française, elle te dit merde. »* Fin de partie.

– Mais tout le monde le sait, que tu es cocu, ça, c'est pas un mystère.
– Monsieur Brun ne le savait pas !
– Et c'est lui qui me l'a dit, voyons !

« Quand tu mesureras le fond de la mer, ne te penche pas trop, car tu pourrais tomber par-dessus bord. Et là où ça sera par trop profond, té, laisse un peu mesurer les autres. »

FANNY

1932

RÉALISATION : MARC ALLÉGRET
SCÉNARIO ET DIALOGUES : MARCEL PAGNOL
ACTEUR : RAIMU

Marius, le fils de César, a enfin réalisé son rêve : le voilà parti pour un voyage au long cours. Il manque à Fanny, enceinte de ses œuvres, et à son père. Celui-ci dicte à la jeune femme une lettre adressée à son aventurier de fiston. Une des scènes les plus émouvantes du film, où Raimu fait des miracles : réussir à être drôle et bouleversant tout à la fois. Drôle car il semble parler à Marius comme à un enfant, bouleversant car l'absence du garçon, son inquiétude aussi métamorphosent ce fort en gueule en grand sentimental.

DRÔLE DE DRAME

1937

RÉALISATION : MARCEL CARNÉ
SCÉNARIO : JACQUES PRÉVERT
D'APRÈS LE ROMAN « HIS FIRST OFFENCE » DE JOSEPH STORER CLOUSTON
DIALOGUES : JACQUES PRÉVERT
ACTEURS : LOUIS JOUVET, MICHEL SIMON

Cette célèbre réplique aurait pu tomber dans les oubliettes… En effet, *Drôle de drame*, considéré aujourd'hui comme l'un des joyaux du cinéma français, n'eut, à sa sortie, aucun succès ! Dans cette scène, l'évêque de Bedford (Louis Jouvet) s'étonne de l'absence de l'épouse de son cousin (Michel Simon) chez qui il est invité à dîner. Notons que les deux comédiens boivent du véritable champagne, ayant fait le pari de se soûler l'un l'autre ! Le film, affaire rocambolesque, mélange de polar et de comédie, permet à Marcel Carné et à Jacques Prévert d'exploiter allégrement le talent de leurs deux immenses acteurs.

– *Moi, j'ai dit* « bizarre, bizarre » ? *Comme c'est étrange. Pourquoi aurais-je dit* « bizarre, bizarre ».

– *Je vous assure, cher cousin, vous avez dit* « bizarre, bizarre ».

– *J'ai dit* « bizarre », *comme c'est bizarre.*

LA GRANDE ILLUSION

1937

RÉALISATION : JEAN RENOIR
SCÉNARIO ET DIALOGUES : CHARLES SPAAK ET JEAN RENOIR
ACTEUR : PIERRE FRESNAY

Les critiques, les cinéphiles, les simples amateurs le savent : *La Grande Illusion* est sans doute le plus grand film de tous les temps. Jean Renoir tente, avec ce film, de livrer un message de paix qui, on le sait, ne sera pas entendu. Ces héros sont des militaires emprisonnés dans un camp. Tous les milieux y sont représentés : l'aristocrate, le capitaine de Boëldieu (Pierre Fresnay) ou l'homme du peuple, le lieutenant Maréchal (Jean Gabin). Ensemble, ils tentent de s'enfuir. En vain… Les voilà transférés dans un nouveau camp dirigé par von Rauffenstein (Erich von Stroheim). Les deux aristocrates vont, en quelque sorte, fraterniser.

– A quoi sert un terrain de golf ?
– A jouer au golf.
– Un camp de prisonniers,
ça sert à s'évader !

LE QUAI DES BRUMES

1938

RÉALISATION : MARCEL CARNÉ
SCÉNARIO : JACQUES PRÉVERT D'APRÈS LE ROMAN DE PIERRE MAC ORLAN
DIALOGUES : JACQUES PRÉVERT
ACTEURS : JEAN GABIN, MICHÈLE MORGAN

Jean, déserteur, Nelly, jeune femme perdue, se rencontrent et s'aiment dès le premier regard, et quel regard, celui des plus beaux yeux du cinéma : Michèle Morgan ! La fameuse scène du baiser, un peu trop appuyé pour l'époque, vaut à ce film noir une interdiction aux moins de 16 ans ! On apprendra plus tard qu'à l'origine, les dialogues n'étaient pas tout à fait ceux-là. Le *« t'as d'beaux yeux »* devait être *« tu as de jolies jambes »,* et voilà comment un célébrissime dialogue aurait pu ne jamais voir le jour. Les deux acteurs, eux, tombèrent follement amoureux sur le tournage et vécurent une grande histoire d'amour.

– T'as d'beaux yeux, tu sais.
– Embrassez-moi.

HÔTEL DU NORD

1938

RÉALISATION : MARCEL CARNÉ
SCÉNARIO : JEAN AURENCHE ET HENRI JEANSON D'APRÈS LE ROMAN D'EUGÈNE DABIT
DIALOGUES : HENRI JEANSON
ACTEURS : LOUIS JOUVET, ARLETTY

Ces dialogues doivent tout à son interprète, Arletty, la plus gouailleuse des actrices françaises. Elle interprète ici Mme Raymonde, une prostituée, furieuse que son souteneur, M. Edmond (Louis Jouvet), veuille partir sans elle pour Toulon. Tout dans son intonation, sa manière bien à elle de marteler les mots d'argot, son accent titi parisien, en un mot, sa façon d'être, provoque l'hilarité. Difficile aujourd'hui de flâner sur une passerelle du canal Saint-Martin sans se remémorer cette géniale réplique.

– J'ai besoin de changer d'atmosphère, et mon atmosphère, c'est toi.

– C'est la première fois qu'on me traite d'atmosphère ! Si je suis une atmosphère, t'es un drôle de bled ! Les types qui sont du milieu sans en être et qui crânent à cause de ce qu'ils ont été, on devrait les vider ! Atmosphère ! Atmosphère ! Est-ce que j'ai une gueule d'atmosphère ? Puisque c'est ça, vas-y tout seul à La Varenne ! Bonne pêche et bonne atmosphère !

A de Chastenet

LA FEMME DU BOULANGER

1938

RÉALISATION : MARCEL PAGNOL
SCÉNARIO ET DIALOGUES : MARCEL PAGNOL D'APRÈS « JEAN LE BLEU » DE JEAN GIONO
ACTEUR : RAIMU

Le boulanger du village, Aimable Castanier, voit sa jeune femme le quitter pour un beau berger. Désespéré, il décide de faire *« la grève du pain »*. Mais la traîtresse revient et, incapable de la sermonner directement, Aimable s'en prend à la Pomponette, sa chatte. Comment Raimu a-t-il réussi ce prodige ? Cette scène dit tout de la souffrance d'un homme, d'un cœur brisé qui crie sa vérité, mais décide de pardonner, une interprétation impressionnante. Malgré la performance de l'acteur, la beauté des images, Jean Giono, l'auteur du livre, n'aurait pas goûté le film de Marcel Pagnol…

– Ah, te voilà, toi ! Regarde, la voilà, la Pomponnette... Garce, salope, ordure, c'est maintenant que tu reviens ?

– Bon à rien, ce serait encore trop dire. Tu n'es pas bon à rien, tu es mauvais à tout. Je ne sais pas si tu me saisis, mais moi, je me comprends.

LE SCHPOUNTZ

1938

RÉALISATION : MARCEL PAGNOL
SCÉNARIO ET DIALOGUES : MARCEL PAGNOL D'APRÈS LE ROMAN D'HENRI LA BARTHE
ACTEUR : FERNAND CHARPIN

Fernandel n'avait pas grand-chose à faire pour faire rire son public. Il suffit seulement de le regarder recevoir cette aimable réplique pour s'esclaffer. Dans le film, son oncle (Fernand Charpin) se désespère de voir son neveu Irénée rêver de devenir une *« vedette »* et ne pas beaucoup aider à la bonne marche de l'épicerie familiale. Les mésaventures de ce garçon, à qui une équipe technique fait croire à ses talents d'acteur, sont tirées d'une histoire vraie. Lors du tournage d'un précédent film dirigé par Pagnol, *Angèle,* le chef opérateur du film fit réellement signer un faux contrat à un jeune homme naïf et plein d'espoir.

PÉPÉ LE MOKO

1937

RÉALISATION : JULIEN DUVIVIER
SCÉNARIO D'APRÈS LE ROMAN D'HENRI LA BARTHE
DIALOGUES : HENRI JEANSON
ACTEUR : JEAN GABIN

Au fait de sa gloire, Jean Gabin retrouve pour la quatrième fois Julien Duvivier. *Pépé le Moko* est un film noir, étouffant, entièrement tourné en studio. L'histoire de ce gangster obligé de se cacher dans la Casbah d'Alger, où il est si protégé qu'on ne peut l'arrêter, est interdite pendant la Seconde Guerre mondiale, parce que jugée trop *« pessimiste »*. Dans cette scène, Pépé le Moko comprend que l'inspecteur algérois Slimane (Lucas Gridoux), hypocrite et malfaisant, manigance pour le faire sortir de sa retraite et tentera tout pour parvenir à ses fins.

– Avoir l'air d'un faux-jeton à ce point-là, j'te jure que c'est vraiment de la franchise !

– Paris est tout petit pour ceux qui s'aiment comme nous d'un aussi grand amour.

LES ENFANTS DU PARADIS

1945

RÉALISATION : MARCEL CARNÉ
SCÉNARIO ET DIALOGUES : JACQUES PRÉVERT
ACTRICE : ARLETTY

Tourné en pleine Occupation, ce film est aujourd'hui considéré comme l'un des joyaux du cinéma français. En cette année 1828, à Paris, Garance, immortalisée par Arletty, symbolise la femme libre. Elle séduit les hommes et particulièrement Baptiste (Jean-Louis Barrault), qui n'ose lui déclarer sa flamme. Contrairement à Frédérick (Pierre Brasseur), un fougueux comédien qui devient son amant. C'est lors de leur première rencontre, alors qu'il se désespère de ne plus jamais la revoir, qu'elle prononce, non sans malice, cette réplique légendaire, écrite par le plus grand dialoguiste de l'époque, Jacques Prévert.

LES DAMES DU BOIS DE BOULOGNE

1945

RÉALISATION : ROBERT BRESSON
SCÉNARIO : ROBERT BRESSON D'APRÈS JACQUES LE FATALISTE
DIALOGUES : JEAN COCTEAU
ACTEUR : JEAN MARCHAT

Inspiré d'un épisode de *Jacques le fataliste et son maître* de Diderot et transposé à l'époque contemporaine, le film relate l'histoire d'une vengeance. Celle d'Hélène (Maria Casarès) envers son amant qui avoue ne plus l'aimer. C'est Jean Cocteau qui écrit les dialogues de ce film de Robert Bresson, et cette réplique demeure, aujourd'hui encore, l'une des citations les plus célèbres du poète. Maria Casarès avoua plus tard n'avoir que de mauvais souvenirs du tournage. Quant à Robert Bresson, il détesta finalement son film ! Pas ses spectateurs, qui le tiennent pour l'un de ses chefs-d'œuvre.

– Il n'y a pas d'amour, Hélène, il n'y a que des preuves d'amour.

A de Chastenet

KNOCK

1951

RÉALISATION : GUY LEFRANC
SCÉNARIO : GEORGES NEVEUX D'APRÈS LA PIÈCE DE JULES ROMAINS
DIALOGUES : JULES ROMAINS
ACTEUR : LOUIS JOUVET

Les gens bien portants sont des malades qui s'ignorent. » A partir de cette affirmation farfelue, Jules Romains écrit, en 1923, une irrésistible pièce de théâtre *Knock ou le Triomphe de la médecine*, avec Louis Jouvet. Vingt-huit ans plus tard, sort l'adaptation de l'œuvre au cinéma, toujours avec Jouvet dans le rôle-titre. La voix saccadée de l'acteur et son regard sombre font de ce médecin charlatan un personnage mémorable ! Le docteur Knock convainc un patient que sa santé n'est pas aussi bonne qu'il l'imagine. Et si son talent de persuasion est efficace, cette réplique l'est tout autant…

– Attention, attention, ne confondons pas. Est-ce que ça vous chatouille ou est-ce que ça vous grattouille ?

MADAME DE...

1953

RÉALISATION : MAX OPHULS
SCÉNARIO : MARCEL ACHARD, MAX OPHULS ET ANNETTE WADEMANT
D'APRÈS LE ROMAN DE LOUISE DE VILMORIN
DIALOGUES : MARCEL ACHARD.
ACTRICE : DANIÈLE DARRIEUX

Après *La Ronde* et *Le Plaisir*, Max Ophuls adapte un livre de Louise de Vilmorin et réalise encore une fois une œuvre prodigieuse. Madame de… (on ne saura jamais son nom) est une femme mariée, coquette et enfant gâtée, qui tombe follement amoureuse du baron Donati (Vittorio De Sica), un séduisant ambassadeur. Terrifiée par cette passion inattendue, Madame de…, superbement interprétée par Danièle Darrieux, tente, en vain, de ne pas succomber au charme du bel Italien en martelant le contraire de ce qu'elle ressent. Cette scène demeure la plus célèbre du film.

– Je ne vous aime pas,
je ne vous aime pas,
je ne vous aime pas,
je ne vous aime pas…

LA TRAVERSÉE DE PARIS

1956

RÉALISATION : CLAUDE AUTANT-LARA
SCÉNARIO ET DIALOGUES : JEAN AURENCHE, MICHEL AUDIARD
ET PIERRE BOST D'APRÈS UNE NOUVELLE DE MARCEL AYMÉ
ACTEURS : JEAN GABIN, LOUIS DE FUNÈS, BOURVIL

Paris, 1943, le marché noir bat son plein. Martin (Bourvil) et Jambier (Louis de Funès) pensent trouver en Grandgil (Jean Gabin) un parfait coéquipier pour les aider à transporter à travers la ville le cochon qu'ils viennent d'égorger. Mais Grandgil est pugnace et accepte la proposition en échange d'une somme d'argent substantielle. Pour arriver à ses fins, il terrorise ce petit monde. Adapté d'une nouvelle de Marcel Aymé, le film est, dès sa sortie, un immense succès. Et cette altercation restera dans les annales.

– Jambier, j'veux deux mille francs, Jambier, 45 rue Poliveau !
– Oui, oui, on l'sait, plus un franc, plus un sou !
– Mais laissez-moi l'descendre !
– JAMBIER ! JAMBIER ! JAMBIER ! JAMBIER ! JAAAMMMMMBIER !!!

A de Chastenet

LA TRAVERSÉE DE PARIS

1956

RÉALISATION : CLAUDE AUTANT-LARA
SCÉNARIO ET DIALOGUES : JEAN AURENCHE, MICHEL AUDIARD
ET PIERRE BOST D'APRÈS UNE NOUVELLE DE MARCEL AYMÉ
ACTEURS : JEAN GABIN, LOUIS DE FUNÈS, BOURVIL.

Il fallait oser ! Mais les dialoguistes de *La Traversée de Paris* n'ont peur de rien, pas même de montrer l'Occupation sous un jour nouveau, jamais présenté jusqu'ici au cinéma. Car cette période sombre de notre histoire de France, c'était aussi cela : les petits arrangements, la débrouillardise, les mesquineries. Cette réplique, à la fois déconcertante et audacieuse, fit rire les nombreux spectateurs du film. Des dizaines d'années plus tard, Coluche, adepte de la provocation, la prononcera à son tour.

– Salauds de pauvres !

– C’est, c’était ma mère, m’sieur…
– Ta mère, ta mère, qu’est-ce qu’elle a encore ?
– Elle est morte !

LES QUATRE CENTS COUPS

1959

RÉALISATION : FRANÇOIS TRUFFAUT
SCÉNARIO : FRANÇOIS TRUFFAUT
DIALOGUES : MARCEL MOUSSY
ACTEURS : GUY DECOMBLE, JEAN-PIERRE LÉAUD

Premier film de François Truffaut, premier triomphe. Antoine Doinel (Jean-Pierre Léaud) est un jeune garçon quelque peu turbulent. Mais il a des circonstances atténuantes : des parents indifférents dont il n'arrive pas à se faire aimer. Avec ce film largement autobiographique, le réalisateur a trouvé, avec son acteur, un double, et le fera tourner dans six de ses films. Dans cette scène, Antoine a encore fait l'école buissonnière, mais il se fait prendre. A court d'arguments, il avance un énorme mensonge qui aura, il ne le sait pas encore, de lourdes conséquences.

LE BOSSU

1959

RÉALISATION : ANDRÉ HUNEBELLE
SCÉNARIO : JEAN HALAIN, PIERRE FOUCAUD, ANDRÉ HUNEBELLE
D'APRÈS LE ROMAN DE PAUL FÉVAL
DIALOGUES : JEAN HALAIN
ACTEUR : JEAN MARAIS

V*iens donc la chercher derrière mon épée, ta main gardera ma marque, et quand il sera temps, si tu ne viens pas à Lagardère, Lagardère ira à toi ! »* En écrivant ces mots, Paul Féval, l'auteur de ce roman de cape et d'épée (qui sera adapté sept fois !) ne savait sans doute pas qu'ils deviendraient légendaires ! Jean Marais, alors star du cinéma français, endosse le rôle du fameux chevalier qui, pour venger le duc de Nevers (Hubert Noël), se déguise en bossu. Aujourd'hui, la formule *« si tu ne va pas… »,* bien plus qu'une réplique, est devenue, au fil du temps, une maxime !

– Si tu ne viens pas à Lagardère, Lagardère ira à toi !

A de Chastenet

À BOUT DE SOUFFLE

1959

RÉALISATION : JEAN-LUC GODARD
SCÉNARIO ET DIALOGUES : JEAN-LUC GODARD
ACTEUR : JEAN-PAUL BELMONDO

Dès son premier long-métrage, Jean-Luc Godard annonce la couleur : il sera le plus audacieux des metteurs en scène. La preuve avec le tout début de son film, aujourd'hui culte, mais interdit aux moins de 18 ans à sa sortie : au volant de sa voiture, son héros, Michel Poiccard, regarde la caméra en face et apostrophe le spectateur d'une manière plutôt inamicale ! Jean-Paul Belmondo, qui n'est pas encore une immense star, prend des risques ! Soixante plus tard, cette scène, pour le moins inattendue, n'a pas pris une ride.

– Si vous n'aimez pas la mer…
Si vous n'aimez pas la montagne…
Si vous n'aimez pas la ville…
Allez vous faire foutre !

À BOUT DE SOUFFLE

1959

SCÉNARIO ET DIALOGUES : JEAN-LUC GODARD.
ACTEUR : JEAN-PAUL BELMONDO, JEAN SEBERG.

Commencer un film par une scène devenue culte n'empêche nullement de le finir de la même façon. Or, Jean-Luc Godard réussit ce prodige : les tout derniers mots prononcés dans *A bout de souffle* resteront gravés dans les mémoires, tout comme le merveilleux accent de Jean Seberg. Michel Poiccard (Jean-Paul Belmondo), qui a tué un gendarme, se fait abattre par un policier dans les rues de Paris. C'est son amoureuse américaine, Patricia, qui l'a dénoncé. Avant de mourir, et alors qu'elle accourt vers lui, ils échangent quelques mots, évidemment déconcertants.

– C'est vraiment dégueulasse.
– Qu'est-ce qu'il a dit ?
– Il a dit : vous êtes vraiment
une dégueulasse.
– Qu'est-ce que c'est « dégueulasse » *?*

– Napoléon mon cul. Il m'intéresse pas du tout, cet enflé, avec son chapeau à la con.

ZAZIE DANS LE MÉTRO

1959

RÉALISATION : LOUIS MALLE
SCÉNARIO ET DIALOGUES : LOUIS MALLE ET JEAN-PAUL RAPPENEAU
ACTRICE : CATHERINE DEMONGEOT

Le titre du film est trompeur. Car la petite Zazie, qui vient à Paris pour la première fois, ne peut pas prendre le métro : il est en grève, et le rêve de la gamine s'effondre. Fidèles à l'adaptation du roman de Raymond Queneau, Louis Malle et Jean-Paul Rappeneau glissent dans la bouche de Zazie l'effrontée toute une flopée de gros mots à la grande joie des spectateurs. Ils ne furent pourtant pas nombreux à la sortie du film, qui ne fut redécouvert que bien des années plus tard. L'oncle Gabriel (Philippe Noiret) tente ici de distraire Zazie de son idée fixe et lui propose de l'emmener aux Invalides voir le tombeau de l'Empereur. Grave erreur.

LE CAVE SE REBIFFE

1961

RÉALISATION : GILLES GRANGIER
SCÉNARIO D'APRÈS LE ROMAN D'ALBERT SIMONIN
DIALOGUES : MICHEL AUDIARD
ACTEURS : BERNARD BLIER, JEAN GABIN

Le « dabe », le patron en argot, c'est évidemment Jean Gabin. Qui d'autre pour interpréter cet ancien faux-monnayeur retiré sous les tropiques, qui voit l'un de ses lieutenants lui proposer une dernière affaire : celui-ci a rencontré un candide ou plutôt un « cave », graveur de son état, qui ne fera pas de vagues pour imprimer de faux billets. Pour cette comédie noire, adapté du roman d'Albert Simonin, Michel Audiard s'en donne à cœur joie, et cette conversation du début du film entre ses interprètes favoris, l'imperturbable Jean Gabin et le roublard Bernard Blier, est… imparable.

– Entre nous, Dabe, une supposition… Hein, je dis bien une supposition, que j'ai un graveur, du papier, et que j'imprime pour un milliard de biftons. En admettant, toujours une supposition, qu'on soit cinq sur l'affaire, ça rapporterait, net, combien à chacun ?
- Vingt ans de placard. Les bénéfices, ça se divise, la réclusion, ça s'additionne.

UNE FEMME EST UNE FEMME

1961

RÉALISATION : JEAN-LUC GODARD
SCÉNARIO ET DIALOGUES : JEAN-LUC GODARD
ACTEURS : JEAN-CLAUDE BRIALY, ANNA KARINA

Angela (Anna Karina) veut un enfant, Émile (Jean-Claude Brialy) n'en veut pas. Elle lui fait croire qu'un autre homme, leur ami Alfred (Jean-Paul Belmondo), va l'aider à réaliser son rêve. Godard tourne pour la première fois en couleurs, et cela lui va bien. Avec son actrice fétiche, sa femme et sa muse, et le jeune premier de l'époque, il tourne, à sa manière, une comédie sur un couple enfantin et irrésistible. Ce dialogue, le dernier du film, est un bon résumé du troisième film du réalisateur suisse, l'un des plus aimés du public.

– Parce que, Angela, tu es infâme.
– Moi ? Je ne suis pas infâme.
Je suis une femme.

UN TAXI POUR TOBROUK

1961

RÉALISATION : DENYS DE LA PATELLIÈRE
SCÉNARIO : DENYS DE LA PATELLIÈRE ET RENÉ HAVARD
DIALOGUES : MICHEL AUDIARD
ACTEUR : MAURICE BIRAUD

A Tobrouk, en 1942, quatre soldats se retrouvent perdus dans le désert après une attaque aérienne. Film de mots plus encore que d'images. Les comédiens (Lino Ventura, Charles Aznavour, Maurice Biraud et Germán Cobos) savourent les répliques écrites par leur dialoguiste préféré. Le médecin juif, l'ancien boxeur, le vieux garçon, le Basque antifranquiste n'ont rien en commun, mais malgré leurs différences, ils devront apprendre la solidarité. Film antimilitariste, inspiré d'une histoire vraie, il reçut le Grand Prix du cinéma français et fut, à sa sortie, un immense succès.

– Deux intellectuels assis vont moins vite qu'une brute qui marche.

UN SINGE EN HIVER

1962

RÉALISATION : HENRI VERNEUIL
SCÉNARIO : FRANÇOIS BOYER, MICHEL AUDIARD ET HENRI VERNEUIL
DIALOGUES : MICHEL AUDIARD
ACTEUR : JEAN GABIN

Adapter *Un singe en hiver*, le roman d'Antoine Blondin, prix Interallié 1959, était un pari difficile. Mais les dialogues d'Audiard et le choix des acteurs ont effacé toutes les craintes. Albert Quentin (Jean Gabin), abstinent depuis quinze ans, à la grande joie de sa femme Suzanne (Suzanne Flon), qui retrouve la joie de vivre – et la bouteille – en rencontrant Gabriel Fouquet (Jean-Paul Belmondo), un jeune homme au bord du désespoir, vaut son pesant d'or. Ils font tous deux des merveilles en soûlards solidaires et pleins d'esprit. Un duo mythique, qui verra le début d'une belle amitié.

– Dis-toi bien que si quelque chose devait me manquer, ce ne serait plus le vin, ce serait l'ivresse.

LA GUERRE DES BOUTONS

1962

RÉALISATION : YVES ROBERT
SCÉNARIO : YVES ROBERT ET FRANÇOIS BOYER D'APRÈS LE ROMAN DE LOUIS PERGAUD
DIALOGUES : FRANÇOIS BOYER
ACTEUR : MARTIN LARTIGUE

La guerre entre les écoliers de deux villages voisins peut commencer. Les petits garçons intrépides n'iront pas de main morte pour faire enrager le camp adverse. Ultime sacrilège, quand l'un d'eux est fait prisonnier et se fait dérober tous ses boutons, les voilà obligés de combattre tout nus par peur des représailles ! Et ce n'est pas du goût de l'impertinent Petit Gibus qui prononce une réplique inoubliable. Le film d'Yves Robert, grand succès à sa sortie, remporte le prix Jean Vigo. A noter que Petit Gibus (Martin Lartigue) n'est autre que le petit-fils du grand photographe Jacques-Henri Lartigue !

– Oh ben, mon vieux, si j'aurais su, j'aurais pas venu.

A de Chastenet

LE MÉPRIS

1963

RÉALISATION : JEAN-LUC GODARD
SCÉNARIO JEAN-LUC GODARD D'APRÈS LE ROMAN D'ALBERTO MORAVIA
DIALOGUES : JEAN-LUC GODARD
ACTEURS : BRIGITTE BARDOT, MICHEL PICCOLI

Sans doute le film préféré de tous ceux qui ne goûtent pas les films de Godard ! Il faut dire qu'entre Capri, la villa Malaparte, la musique de Georges Delerue et Brigitte Bardot, difficile de résister ! Camille a épousé Paul, un scénariste qui l'emmène sur le tournage d'un film de Fritz Lang. Mais le couple se désintègre peu à peu. Cette scène, dans laquelle Brigitte Bardot est entièrement nue, est en réalité une exigence du producteur américain qui, en engageant Bardot, en voulait pour son argent ! Il a en effet déboursé une somme conséquente pour obtenir l'accord de la star : 2,5 millions de francs.

– Tu les trouves jolies, mes fesses ?

A de Chastenet

LES TONTONS FLINGUEURS

1963

RÉALISATION : GEORGES LAUTNER
SCÉNARIO : ALBERT SIMONIN ET GEORGES LAUTNER
D'APRÈS LE ROMAN D'ALBERT SIMONIN
DIALOGUES : MICHEL AUDIARD
ACTEUR : BERNARD BLIER

Faut-il vraiment préciser que ce film fait partie du patrimoine français ? Il rassemble à lui tout seul les répliques les plus hilarantes de Michel Audiard, puisque toutes ou presque sont devenues cultes. Difficile de faire un choix… Bernard Blier avait le don de déclamer les tirades du célèbre dialoguiste avec un naturel confondant. Dans cette scène, il n'est pas content : son ennemi juré, Fernand (Lino Ventura), vient de l'assommer. Il le jure, ça ne se passera pas comme ça ! Mais le pauvre n'est pas au bout de ses peines ! Car des corrections, il en recevra d'autres…

– Non, mais t'as déjà vu ça ? En pleine paix ! Il chante et puis crac, un bourre-pif ! Il est complètement fou, ce mec. Mais moi, les dingues, je les soigne. Je vais lui faire une ordonnance, et une sévère… Je vais lui montrer qui c'est Raoul. Aux quatre coins de Paris qu'on va le retrouver, éparpillé par petits bouts, façon puzzle. Moi, quand on m'en fait trop, je correctionne plus : je dynamite, je disperse, je ventile !

LES TONTONS FLINGUEURS

1963

RÉALISATION : GEORGES LAUTNER
SCÉNARIO : ALBERT SIMONIN ET GEORGES LAUTNER
D'APRÈS LE ROMAN D'ALBERT SIMONIN
DIALOGUES : MICHEL AUDIARD.
ACTEUR : LINO VENTURA

Lino Ventura était inquiet de jouer Fernand, cet ancien gangster appelé en urgence auprès de son ami le « Mexicain », un célèbre truand sur le point de mourir. Il n'avait jusqu'ici jamais interprété un rôle dans une comédie et craignait de ne pas savoir faire rire. Cette scène, où il tente désespérément de garder son calme pour expliquer à Patricia, fille du Mexicain, que son fiancé est insupportable, a dû le rassurer. Il y est tout à fait épatant.

– Patricia, mon petit… Je ne voudrais pas te paraître vieux jeu ni encore moins grossier… l'homme de la Pampa, parfois rude, reste toujours courtois, mais la vérité m'oblige à te le dire : ton Antoine commence à me les briser menu !

– Faut reconnaître, c'est du brutal, hein ?
– Vous avez raison, il est curieux !
– J'ai connu une Polonaise qu'en prenait au p'tit déjeuner... Faut quand même admettre, c'est plutôt une boisson d'homme.

LES TONTONS FLINGUEURS

1963

RÉALISATION : GEORGES LAUTNER
SCÉNARIO : ALBERT SIMONIN ET GEORGES LAUTNER
D'APRÈS LE ROMAN D'ALBERT SIMONIN
DIALOGUES : MICHEL AUDIARD
ACTEURS : BERNARD BLIER, JEAN LEFEBVRE, LINO VENTURA

Impossible de parler des *Tontons flingueurs* sans citer cette scène dite « de la cuisine », où est réunie une jolie bande de malfrats. Blier, Lefebvre, Ventura, Blanche, se retrouvent pour un instant de paix. Et goûtent un alcool blanc réservé aux connaisseurs. Virilité oblige, aucun n'avouera que la boisson atteint un degré d'alcool sans doute inégalé. Ce passage cultissime a pourtant failli ne pas exister, Michel Audiard la trouvant inutile. Heureusement pour nous, le réalisateur, Georges Lautner, ne l'a pas écouté !

CENT MILLE DOLLARS AU SOLEIL

1964

RÉALISATION : HENRI VERNEUIL
SCÉNARIO : MARCEL JULLIAN ET HENRI VERNEUIL D'APRÈS LE ROMAN DE CLAUDE VEILLOT « NOUS N'IRONS PAS AU NIGERIA »
DIALOGUES : MICHEL AUDIARD
ACTEUR : JEAN-PAUL BELMONDO

Un jeune malfrat, Rocco, vole un camion dont le chargement clandestin vaut 100 000 dollars. Le patron de l'entreprise de transport, furieux, engage un chauffeur expérimenté et pas commode, Hervé Marec (Lino Ventura), qui se lance à sa poursuite. Le sujet du film, s'il est plutôt ténu, vaut surtout pour les dialogues de Michel Audiard. Il s'en donne à cœur joie pour faire dire des phrases imparables à ses acteurs : Jean-Paul Belmondo, mais aussi Lino Ventura et l'incontournable Bernard Blier. Au volant de son camion, Rocco donne à sa petite amie sa propre définition d'une conversation entre hommes.

– Quand les types de 130 kilos disent certaines choses, ceux de 60 kilos les écoutent.

– Les ordres sont les suivants : on courtise, on séduit, on enlève, et en cas d'urgence... on épouse !

LES BARBOUZES

1964

RÉALISATION : GEORGES LAUTNER
SCÉNARIO : ALBERT SIMONIN ET MICHEL AUDIARD
DIALOGUES : MICHEL AUDIARD
ACTEUR : NOËL ROQUEVERT

C'est le réalisateur lui-même qui le dit : ce film, c'est du grand n'importe quoi ! Il fut même le premier étonné du succès de ce long-métrage tourné un an après *Les Tontons flingueurs. Les Barbouzes,* comprenez les agents secrets (à la sauce Audiard !) accourent à l'annonce de la mort d'un riche marchand d'armes, se faisant tous passer pour des proches du défunt. Leur but ? S'approprier des brevets de fabrication d'armes en séduisant sa ravissante veuve… Noël Roquevert interprète ici un colonel nommé Lanoix : tout un programme !

PIERROT LE FOU

1965

RÉALISATION : JEAN-LUC GODARD
SCÉNARIO : JEAN-LUC GODARD ET RÉMO FORLANI
D'APRÈS LE ROMAN « OBSESSION » DE LIONEL WHITE
DIALOGUES : JEAN-LUC GODARD.
ACTRICE : ANNA KARINA

Ce monologue devenu culte a été « volé » à la belle Anna Karina par Jean-Luc Godard qui l'a entendu hors tournage prononcer cette phrase enfantine. L'actrice joue pour la dernière fois avec son mari Jean-Luc Godard, le couple se séparant quelques mois plus tard. Sur une plage de Porquerolles, deux amants se trouvent mêlés malgré eux à un trafic d'armes. Dans cette scène, Marianne (Anna Karina) s'ennuie mortellement et comprend qu'il lui est impossible de communiquer avec son amant Pierrot (Jean-Paul Belmondo).

« Qu'est-ce que je peux faire ? J'sais pas quoi faire. »

LE CORNIAUD

1965

RÉALISATION : GÉRARD OURY
SCÉNARIO : GÉRARD OURY ET MARCEL JULLIAN
DIALOGUES : GEORGES TABET ET ANDRÉ TABET
ACTEURS : BOURVIL, LOUIS DE FUNÈS

Sans doute l'accident de voiture le plus célèbre du cinéma français ! Le pauvre Antoine Maréchal (Bourvil), ravi de partir en vacances avec sa 2 CV flambant neuve, se fait percuter par la Rolls de Léopold Saroyan (Louis de Funès). Son auto se disloque littéralement ! S'ensuivent des péripéties inénarrables vécues à 100 à l'heure par le plus populaire des duos de cinéma. Un hommage doit être rendu à Pierre Durin, génie des effets spéciaux, qui a conçu la désintégration spectaculaire de la 2 CV. Quant à la réplique *« maintenant, elle va marcher beaucoup moins bien »,* elle n'était pas dans le scénario, mais a été improvisée par Bourvil.

– Ah bah, maintenant, elle va marcher beaucoup moins bien, forcément.
– Mais c'est pas grave.
– C'est pas grave, ah, vous en avez de bonnes, c'est pas grave ! Qu'est-ce que je vais devenir, moi ?
– Eh bah, un piéton, et puis voilà !

A de Chastenet

LA GRANDE VADROUILLE

1966

RÉALISATION : GÉRARD OURY
SCÉNARIO : GÉRARD OURY, DANIÈLE THOMPSON ET MARCEL JULLIAN
DIALOGUES : GEORGES TABET ET ANDRÉ TABET
ACTEURS : BOURVIL, LOUIS DE FUNÈS

Ils ont été 17 millions à courir voir ce film à sa sortie. Et nous ne parlons que de la France ! Gérard Oury ne s'est pas trompé en pressentant que le duo Bourvil-de Funès, qui avait si bien fonctionné pour *Le Corniaud*, deviendrait culte. Grâce à la télévision, toutes les générations ont ri devant les aventures de ce chef d'orchestre ronchon et de ce peintre en bâtiment candide, devenus malgré eux des résistants. Louis de Funès incarne, comme à son habitude, un personnage colérique et pas très courageux, et Bourvil, un éternel résigné, comme le prouve ce piquant échange.

– Ils peuvent me tuer,
je parlerai pas !
– Mais moi non plus, ils peuvent vous tuer, je ne parlerai pas !
– Je savais qu'on pouvait compter sur vous.

– J'ai bon caractère, mais j'ai le glaive vengeur et le bras séculier. L'aigle va fondre sur la vieille buse.

– C'est chouette ça, comme métaphore, non ?

– C'est pas une métaphore, c'est une périphrase.

– Oh, fais pas chier !

– Ça, c'est une métaphore.

FAUT PAS PRENDRE LES ENFANTS DU BON DIEU POUR DES CANARDS SAUVAGES

1968

RÉALISATION : MICHEL AUDIARD
SCÉNARIO : MICHEL AUDIARD, JEAN-MARIE POIRÉ ET HENRI VIARD
DIALOGUES : MICHEL AUDIARD
ACTEURS : BERNARD BLIER, DOMINIQUE ZARDI

Michel Audiard, encore et toujours, ce génie du dialogue, mêlant termes précieux et vulgaires, profite de l'interprétation de Bernard Blier, toujours colérique, et de l'éternel « troisième couteau » du cinéma français, Dominique Zardi, pour écrire plus qu'un dialogue : une petite merveille ! Pour son premier long-métrage en tant que réalisateur, Audiard choisit évidemment un sujet qui lui est cher : la comédie policière. Succès populaire, le général de Gaulle lui-même utilisera le titre de ce film dans une conférence de presse après les événements de Mai 68 !

BAISERS VOLÉS

1968

RÉALISATION : FRANÇOIS TRUFFAUT
SCÉNARIO ET DIALOGUES : FRANÇOIS TRUFFAUT, CLAUDE DE GIVRAY ET BERNARD REVON
ACTEUR : JEAN-PIERRE LÉAUD

Troisième volet des aventures d'Antoine Doinel, le petit garçon des *400 Coups* est devenu un jeune homme. Amoureux de Christine (Claude Jade), il est pris d'une passion subite pour une femme plus âgée que lui (Delphine Seyrig), épouse d'un homme atrocement antipathique. François Truffaut, grand admirateur du *Lys dans la vallée*, s'est inspiré du roman pour raconter cette relation coupable. Excessif en tout, Antoine voit en Fabienne Tabard, l'idéal féminin, et elle devient son obsession. Comment le lui reprocher : il suffit de contempler l'élégance de Delphine Seyrig, d'entendre sa voix, sa diction si particulière pour partager sa tendre admiration !

– Madame Tabard n'est pas une femme, c'est une apparition.

A de Chastenet

LE PACHA

1968

RÉALISATION : GEORGES LAUTNER
SCÉNARIO : ALBERT SIMONIN, GEORGES LAUTNER ET MICHEL AUDIARD
DIALOGUES : MICHEL AUDIARD
ACTEURS : ROBERT DALBAN, JEAN GABIN

Qui d'autre que Gabin pour dire ce dialogue de Michel Audiard, écrit sur mesure pour le grand comédien. Le Pacha, c'est lui, bien sûr, de son vrai nom Louis Joss, commissaire divisionnaire, qui veut venger son ami et inspecteur tué au cours d'un braquage. Cette aimable formule est destinée au commissaire Gouvion interprété par le plus célèbre second rôle de l'époque, Robert Dalban : le Pacha soupçonne ce dernier d'être amoureux de la sœur d'un truand. Les ennuis ne devraient pas tarder.

– A quoi tu penses ?
– Je pense que quand on mettra les cons sur orbite, t'as pas fini de tourner.

LA SIRÈNE DU MISSISSIPPI

1969

RÉALISATION : FRANÇOIS TRUFFAUT
SCÉNARIO : FRANÇOIS TRUFFAUT
D'APRÈS LE ROMAN « WALTZ INTO DARKNESS » DE WILLIAM IRISH
DIALOGUES : FRANÇOIS TRUFFAUT
ACTEURS : JEAN-PAUL BELMONDO, CATHERINE DENEUVE

C'est l'un des longs-métrages sous-estimés de l'œuvre de Truffaut, et pourtant, quel film ! Comme toujours chez le grand cinéaste, les dialogues semblent plus littéraires qu'ailleurs. Ne dit-on pas de lui qu'il est un « écrivain de cinéma » ? Dans cette scène entre Louis Mahé (Jean-Paul Belmondo), le riche fabriquant de cigarettes, et Marion (Catherine Deneuve), l'usurpatrice d'identité, l'histoire d'amour peut enfin naître. Le metteur en scène reprendra mot pour mot cet échange dans *Le Dernier Métro*, réalisé en 1980, avec Catherine Deneuve et Gérard Depardieu.

– Tu es si belle. Quand je te regarde, c'est une souffrance.

– Pourtant, hier tu disais que c'était une joie ?

– C'est une joie et une souffrance.

LA FOLIE DES GRANDEURS

1971

RÉALISATION : GÉRARD OURY

SCÉNARIO ET DIALOGUES : GÉRARD OURY, DANIÈLE THOMPSON, MARCEL JULLIAN

ACTEUR : YVES MONTAND

Gérard Oury ne pourra pas reconstituer le duo Louis de Funès-Bourvil. Celui-ci est mort un an plus tôt. Simone Signoret lui suggère alors d'engager son mari, Yves Montand, pour ce rôle comique. Une drôle d'idée qui fonctionne pourtant parfaitement, et l'acteur est impayable en Blaze, valet souffre-douleur du cupide et cruel Don Salluste (Louis de Funès), ministre du roi d'Espagne au XVIIe siècle. Pour ce dernier, rien n'est plus crucial que l'argent, et Blaze se charge de réveiller son maître en manipulant des pièces d'or et en prononçant le mot qu'il préfère plus que tout au monde, en guise de réveille-matin !

– Il est l'or, il est l'or. L'or de se réveiller. Monseignor.

A de Chastenet

NOUS NE VIEILLIRONS PAS ENSEMBLE

1972

RÉALISATION : MAURICE PIALAT
SCÉNARIO ET DIALOGUES : MAURICE PIALAT
ACTEUR : JEAN YANNE

Pour son deuxième long-métrage, Maurice Pialat adapte son propre roman. Ce cinéaste, colérique et invivable, lui ressemble comme un frère. Jean (Jean Yanne) est marié, mais entretient une relation avec Catherine (Marlène Jobert). Ils sont amoureux l'un de l'autre, mais ne peuvent communiquer. A chacun de leurs tête-à-tête, le ton monte, et Jean injurie sa maîtresse, puis finit par se rapprocher d'elle. Le film, magnifique et perturbant, est, au fond, une histoire simple : celle d'un homme désespéré et maladroit, qui ne sait comment aimer.

– T'as jamais rien réussi et tu ne réussiras jamais rien. C'est tout. Et tu sais pourquoi ? Parce que t'es vulgaire. Irrémédiablement vulgaire. Et non seulement, t'es vulgaire, mais t'es ordinaire en plus. Toute ta vie, tu resteras une fille de concierge.

– Je fais pas des petits dessins dans les coins, moi. Je fais de l'argent, de l'argent !
(Il claque dans ses doigts.)
– Très chic. Refais ce geste…

CÉSAR ET ROSALIE

1972

RÉALISATION : CLAUDE SAUTET
SCÉNARIO ET DIALOGUES : CLAUDE SAUTET, JEAN-LOUP DABADIE, CLAUDE NÉRON
ACTEURS : YVES MONTAND, ROMY SCHNEIDER

Certains films marquent à jamais. C'est le cas de ce chef-d'œuvre de Claude Sautet. Rosalie (Romy Schneider) a deux amours. Le premier est un homme d'affaires parvenu et séduisant, un rien vulgaire, César (Yves Montand), le second un artiste doux et irrésistible, David (Sammy Frey). Impossible pour elle de renoncer à l'un ou à l'autre, elle préférera les quitter tous les deux. Dans cette scène célébrissime – tournée dans une brasserie, comme souvent chez Sautet –, César, jaloux à en crever et très agité, explique à Rosalie, amusée et un peu agacée, que, contrairement à son rival, il est un homme accompli.

LA NUIT AMÉRICAINE

1973

RÉALISATION : FRANÇOIS TRUFFAUT
SCÉNARIO : FRANÇOIS TRUFFAUT, SUZANNE SCHIFFMAN ET JEAN-LOUIS RICHARD
DIALOGUES : FRANÇOIS TRUFFAUT
ACTEUR : FRANÇOIS TRUFFAUT

François Truffaut a envie de montrer l'envers du décor. Grâce au film, le spectateur assiste au tournage d'un film, avec ses grands moments de plaisir, mais aussi ces imprévus qui rendent l'harmonie d'un tournage presque impossible. Truffaut incarne lui-même Ferrand, le réalisateur, qui se bat chaque jour avec les problèmes financiers, techniques, mais surtout avec les états d'âme des comédiens, et en particulier, ceux d'Alphonse (Jean-Pierre Léaud), qui, après une déception amoureuse, refuse de tourner. Cette célèbre tirade n'est autre, pour Ferrand-Truffaut, qu'une déclaration d'amour au cinéma.

– Les films sont plus harmonieux que la vie, Alphonse, il n'y a pas d'embouteillages dans les films, il n'y a pas de temps mort. Les films avancent comme des trains, tu comprends ? Comme des trains dans la nuit. Les gens comme toi, comme moi, tu le sais bien, on est faits pour être heureux dans le travail, dans notre travail de cinéma. Salut Alphonse, je compte sur toi.

A de Chastenet

LES AVENTURES DE RABBI JACOB

1973

RÉALISATION : GÉRARD OURY
SCÉNARIO ET DIALOGUES : DANIÈLE THOMPSON, JOSY EISENBERG, GÉRARD OURY ET ROBERTO DE LEONARDIS
ACTEURS : LOUIS DE FUNÈS, HENRI GUYBET

Louis de Funès en homme d'affaires cupide, agité et antisémite est, c'est le moins que l'on puisse dire, à son meilleur. Il incarne Victor Pivert, conduit par son chauffeur vers Paris pour le mariage de sa fille, tandis que Rabbi Jacob part des Etats-Unis pour la bar-mitsva d'un neveu dans la capitale. Une succession de quiproquos va mettre Pivert dans une situation bien difficile ! Cette scène, la plus connue du film, serait-elle envisageable de nos jours ? C'est la question que se posent nombre de spectateurs aujourd'hui. Un exemple, en tout cas, de la grande liberté de s'exprimer – et de rire – dans les années 70.

– Vous êtes juif ? Comment, Salomon, vous êtes juif ? Salomon est juif ! Oh !
– Et mon oncle Jacob, qui arrive de New York, il est rabbin.
– Mais il est pas juif ?
– Ben si.
– Mais pas toute votre famille ?
– Si !
– Ecoutez, ça fait rien, je vous garde quand même.

LA BONNE ANNÉE

1973

RÉALISATION : CLAUDE LELOUCH
SCÉNARIO : CLAUDE LELOUCH
DIALOGUES : PIERRE UYTTERHOEVEN ET CLAUDE LELOUCH
ACTEURS : FRANÇOISE FABIAN, LINO VENTURA

Un homme et une femme tombent amoureux. Simon (Lino Ventura) est un truand qui s'apprête à commettre le cambriolage d'une bijouterie, Françoise (Françoise Fabian), une antiquaire cultivée et élégante. Rien ne devrait les réunir, surtout pas leurs milieux respectifs, mais l'amour a ses raisons… Dans cette scène, où jamais Lino Ventura ne fut aussi séduisant, ils tentent de mieux se connaître. Simon est impressionné par cette intellectuelle, Françoise est charmée par le naturel de cet homme qui semble n'en faire jamais trop. Pour beaucoup, le meilleur film de Claude Lelouch.

– Pour vous, c'est quoi une femme ?
– Pour moi, une femme c'est… un homme qui pleure de temps en temps. Voilà.

VINCENT, FRANÇOIS, PAUL ET LES AUTRES

1974

RÉALISATION : CLAUDE SAUTET
SCÉNARIO ET DIALOGUES : JEAN-LOUP DABADIE, CLAUDE NÉRON, CLAUDE SAUTET
ACTEUR : MICHEL PICCOLI

C'est l'histoire d'une amitié qui défie le temps. Depuis des années, Vincent (Yves Montand), François (Michel Piccoli), Paul (Serge Reggiani) sont comme des frères. Chacun a ses problèmes : une affaire qui part à vau-l'eau, une femme infidèle, un livre qui ne s'écrit pas. Le dimanche, tous se retrouvent chez Paul pour partager le gigot traditionnel. Mais François est attaqué par les autres convives. N'y tenant plus, après avoir asséné un *« Ta gueule ! »* tonitruant à Vincent, il quitte la table. On a beaucoup dit que pour cette scène de colère, Michel Piccoli s'était inspiré de… Claude Sautet !

– Je vous emmerde tous avec vos dimanches et votre gigot à la con ! Merde !

LA GIFLE

1974

RÉALISATION : CLAUDE PINOTEAU
SCÉNARIO : CLAUDE PINOTEAU ET JEAN-LOUP DABADIE
DIALOGUES : JEAN-LOUP DABADIE
ACTEUR : LINO VENTURA

Le film restera longtemps culte pour toute une génération de jeunes filles éprises de liberté, comme l'est le personnage principal, Isabelle (Isabelle Adjani), étudiante en première année de médecine à qui son père (Lino Ventura) promet un brillant avenir. Ils vivent seuls à Paris, et l'ambiance autrefois idyllique est perturbée par le besoin d'indépendance d'Isabelle. Ils s'aiment et se font du mal comme dans cette scène, qui finira par une mémorable gifle donnée par le père à sa fille. Une gifle qui, soit dit en passant, ne fut pas simulée. Lino Ventura a mal visé, et sa partenaire a eu droit à un terrible soufflet ! Ce qui ne l'empêcha pas de devenir avec ce film, la nouvelle star du cinéma français.

– Tu parles mal, tu travailles mal, tu danses mal, tu grandis mal. Mais tu ne me fais pas peur, Isabelle.

LES VALSEUSES

1974

RÉALISATION : BERTRAND BLIER
SCÉNARIO ET DIALOGUES : BERTRAND BLIER, PHILIPPE DUMARÇAY
ACTEUR : GÉRARD DEPARDIEU

C'est sans aucun doute le film le plus scandaleux des années 70. Faisant l'adaptation de son propre roman, Bertrand Blier a le nez creux dans le choix de ses acteurs : les trois stars montantes du cinéma français, Miou-Miou, Gérard Depardieu et Patrick Dewaere, sont réunis, et ces trois-là n'ont peur de rien. Surtout pas de proclamer des dialogues scabreux avec un naturel confondant. Les deux héros sont de jeunes marlous, notoirement obsédés sexuels, qui ne font pas grand-chose de leur vie, si ce n'est commettre de petits larcins. Mais ce qui se dégage du film, c'est d'abord l'immense liberté qui y règne. La preuve avec cette réplique mythique lancée par Gérard Depardieu à Patrick Dewaere !

– On est pas bien ? Paisibles. A la fraîche. Décontractés du gland.

A de Chastenet

L'IMPORTANT C'EST D'AIMER

1975

RÉALISATION : ANDRZEJ ZULAWSKI
SCÉNARIO : ANDRZEJ ZULAWSKI ET CHRISTOPHER FRANK
DIALOGUES : CHRISTOPHER FRANK
ACTRICE : ROMY SCHNEIDER

S'il fallait une preuve que Romy Schneider était bien l'une des plus grandes actrices au monde, cette scène déchirante serait un bel exemple. Ce rôle de comédienne ratée, obligée pour survivre de tourner des films pornographiques, elle le voulait absolument, même si son metteur en scène Andrzej Zulawski n'était pas convaincu et, dit-on, lui aurait fait payer son entêtement sur le tournage. Quant à Jacques Dutronc, qui interprète son mari, poète fragile, amoureux fou de sa femme, il fait ici ses vrais premiers pas au cinéma.

– Ne faites pas de photos, s'il vous plaît... non, j'suis une comédienne, vous savez, j'sais faire des trucs bien... ça, ici, je le fais pour bouffer, c'est tout. Alors, ne faites pas de photos.

UN ÉLÉPHANT ÇA TROMPE ÉNORMÉMENT

1976

RÉALISATION : YVES ROBERT
SCÉNARIO : YVES ROBERT ET JEAN-LOUP DABADIE
DIALOGUES : JEAN-LOUP DABADIE
ACTEUR : CHRISTOPHE BOURSEILLER

Prenez une bande d'acteurs et pas n'importe lesquels : Jean Rochefort, Guy Bedos, Claude Brasseur et Victor Lanoux, ajoutez-y des dialogues de Jean-Loup Dabadie, vous obtiendrez la meilleure comédie française des années 70. L'amitié entre ces quatre personnages-là est aussi solide que désordonnée, d'une drôlerie presque permanente. Etienne (Jean Rochefort) est – pour le moment – heureusement marié à Marthe (Danièle Delorme). Un ami de leur fille, Lucien, croit voir en cette dernière la femme de sa vie et lui fait une étonnante déclaration d'amour…

– J'aime vos seins, enfin, surtout le gauche.

– Pardon monsieur, la rue Gustave-Flaubert, s'il vous plaît ?
– Qu'est-ce que vous allez y foutre, rue Gustave-Flaubert ?
– Ça ne vous regarde pas, Monsieur.
– Alors, m'emmerdez pas, c'est tout ce que je vous demande.
– Vous pourriez être aimable !
– En quel honneur ?

CALMOS

1976

RÉALISATION : BERTRAND BLIER
SCÉNARIO ET DIALOGUES : BERTRAND BLIER, PHILIPPE DUMARÇAY
ACTEUR : JEAN-PIERRE MARIELLE

Une charmante femme, enceinte qui plus est, demande son chemin à un passant. Erreur fatale ! Elle tombe sur Paul Dufour (Jean-Pierre Marielle), excédé par la gent féminine. D'ailleurs, il partira bientôt avec son compère Albert (Jean Rochefort) pour un petit village, *« entre hommes »,* mais les femmes ne sont pas loin… Film largement commenté à sa sortie, vilipendé par à peu près toutes les critiques, *Calmos,* avec ses attaques acerbes du féminisme, a été boudé par le public. Récemment, cette comédie noire a été redécouverte et est même devenue culte.

NOUS IRONS TOUS AU PARADIS

1977

RÉALISATION : YVES ROBERT
SCÉNARIO : YVES ROBERT ET JEAN-LOUP DABADIE
DIALOGUES : JEAN-LOUP DABADIE
ACTEUR : JEAN ROCHEFORT

Tome II d'*Un éléphant ça trompe énormément*, *Nous irons tous au paradis* a connu, comme son prédécesseur, un immense succès. Et pour cause : contrairement à beaucoup de suites, elle est aussi drôle, voire davantage, et très émouvante. Les acteurs y sont pour beaucoup, tous exceptionnels, avec une mention spéciale pour Jean Rochefort. Persuadé d'être trompé par sa femme, il prononce, désespéré, cette réplique face caméra. Son timbre incomparable associé à son air implorant est tout simplement désopilant.

– *Vous qui pénétrez dans mon cœur, ne faites pas attention au désordre.*

NOUS IRONS TOUS AU PARADIS

1977

RÉALISATION : YVES ROBERT
SCÉNARIO : YVES ROBERT ET JEAN-LOUP DABADIE
DIALOGUES : JEAN-LOUP DABADIE
ACTEURS : GUY BEDOS, VICTOR LANOUX

C'est évidemment ce qu'on préfère dans ce film choral : les conversations entre copains où chacun se sent libre de s'emporter, de pleurnicher, d'engueuler et, bien sûr, de rire. Dans cette scène, Daniel (Claude Brasseur), pourtant homosexuel, vient d'annoncer son prochain mariage et présente l'heureuse élue à sa bande. Elle n'est plus très jeune, et Bouly (Victor Lanoux), séducteur invétéré, ne peut s'empêcher de le faire remarquer ! Tandis que Simon (Guy Bedos), le plus sensible, tente de modérer les propos de son ami.

– N'empêche qu'elle a de l'allure. T'as vu les vêtements ?

– Les vêtements peut-être, mais elle, elle a quelques heures de vol.

L'HOMME QUI AIMAIT LES FEMMES

1977

RÉALISATION : FRANÇOIS TRUFFAUT
SCÉNARIO : FRANÇOIS TRUFFAUT, SUZANNE SCHIFFMAN, MICHEL FERMAUD
DIALOGUES : FRANÇOIS TRUFFAUT
ACTEUR : CHARLES DENNER

Oui, Truffaut aimait les femmes. Comme son héros, Bertrand Morane (Charles Denner). Ce dernier écrit d'ailleurs un livre de souvenirs sur ses nombreuses aventures amoureuses, les plus joyeuses comme les plus tragiques. Devant sa machine à écrire, il se souvient et décrit, avec une grande poésie, la partie de leur corps qui le fascine : leurs jambes. Cette merveilleuse réplique demeure l'une des plus célèbres de l'œuvre de François Truffaut et prouve, s'il fallait encore le préciser, comme le cinéaste savait manier – aussi – les mots.

– Les jambes des femmes sont des compas qui arpentent le globe terrestre en tous sens, lui donnant son équilibre et son harmonie.

A de Chastenet

LES BRONZÉS

1978

RÉALISATION : PATRICE LECONTE
SCÉNARIO ET DIALOGUES : PATRICE LECONTE ET LE SPLENDID
D'APRÈS LA PIÈCE « AMOUR, COQUILLAGES ET CRUSTACÉS » DU SPLENDID
ACTEUR : MICHEL BLANC

Jean-Claude Dusse est un personnage si célèbre que son nom résonne même comme un mot commun. Un « Jean-Claude Dusse », donc, est un célibataire contrarié qui, malgré ses efforts, n'a aucun succès auprès des femmes. Michel Blanc l'incarne avec génie ! Et ces dialogues, écrits avec ses amis du Splendid, semblent sortir tout naturellement de sa bouche. Le pauvre Jean-Claude raconte ici ses déboires sentimentaux aux « gentils membres » du club de vacances où il vient d'arriver, espérant faire enfin des conquêtes.

*– Ouais, mais enfin, moi, j'ai eu une rupture. J'ai vécu avec une femme, et puis, au bout de quarante-huit heures, elle a décidé qu'on se séparait d'un commun accord. J'ai mis l'*Adagio *d'Abinoni, j'ai avalé deux tubes de laxatif, et puis hop ! J'ai perdu seize kilos et ma moquette.*

SALE RÊVEUR

1978

RÉALISATION : JEAN-MARIE PÉRIER
SCÉNARIO : JEAN-MARIE PÉRIER, PASCAL JARDIN, LUCIEN ELIA
DIALOGUES : PASCAL JARDIN
ACTEURS : JEAN BOUISE, JACQUES DUTRONC

Troisième et ultime long-métrage du célèbre photographe de *Salut les copains,* Jean-Marie Périer retrouve son ami et acteur fétiche Jacques Dutronc. Un drôle de film au drôle de décor : un immense terrain vague où vivent quelques cabossés de la vie. L'un d'eux, Jérôme, passionné de cinéma, s'invente une grande passion amoureuse avec une jeune femme aperçue un jour dans une voiture de luxe. Une histoire qui finira mal pour ce personnage taciturne, qui porte sans cesse ses lunettes de soleil et n'aime pas qu'on l'importune : Robert (Jean Bouise), un ancien cascadeur désenchanté, aurait d'ailleurs mieux fait de se taire.

– Pourquoi t'as des lunettes de soleil ? Y'a pas de soleil.

– Non, mais y'a ta gueule.

LES BRONZÉS FONT DU SKI

1979

RÉALISATION : PATRICE LECONTE
SCÉNARIO ET DIALOGUES : LE SPLENDID

Onze millions d'entrée pour cette suite des *Bronzés :* il fallait le faire ! Les spectateurs se sont précipités pour retrouver Jean-Claude Dusse, Popeye, Gigi, Jérôme et les autres, cette fois, à Val-d'Isère. Chacun garde en mémoire sa scène préférée du film. Certains se souviendront du pauvre Dusse coincé sur un télésiège, d'autres du déjeuner dans un refuge… Et puis, il y a la leçon de ski où Popeye (Thierry Lhermitte) tente d'inculquer l'art du bâton à ses petits camarades. Ce jour-là, Nathalie (Josiane Balasko) ne laisse rien passer à son mari Bernard (Gérard Jugnot)…

– Bernard, par exemple. Quel est le défaut principal de Bernard ?

– Il est égoïste.

– Ça n'a rien à voir avec le ski.

– Oui, l'amour fait mal : comme les grands oiseaux rapaces, il plane au-dessus de nous, il s'immobilise et nous menace.

LE DERNIER MÉTRO

1980

RÉALISATION : FRANÇOIS TRUFFAUT
SCÉNARIO ET DIALOGUES : FRANÇOIS TRUFFAUT, SUZANNE SCHIFFMAN, JEAN-CLAUDE GRUMBERG
ACTEUR : GÉRARD DEPARDIEU

Après le thème du cinéma, avec *La Nuit américaine*, François Truffaut réalise un film sur le théâtre. A Paris, sous l'Occupation, Marion Steiner (Catherine Deneuve) dirige, seule, son théâtre. En réalité, elle a caché son mari, juif, dans la cave, et personne ne le sait. Survient un jeune acteur, Bernard Granger (Gérard Depardieu), dont le charme ne laisse pas insensible la belle Marion. Cette réplique n'est pas dite à proprement parler par Marion et Gérard. Ils interprètent un rôle sur scène. Mais la fiction ne rejoint-elle par la vérité ? On le sait, *Le Dernier Métro* est le plus populaire des films de Truffaut, et il rafla 10 césars.

LA BOUM

1980

RÉALISATION : CLAUDE PINOTEAU
SCÉNARIO : CLAUDE PINOTEAU ET DANIÈLE THOMPSON
DIALOGUES : DANIÈLE THOMPSON
ACTEURS : CLAUDE BRASSEUR, BRIGITTE FOSSEY

Elle l'a souvent dit, Danièle Thompson, scénariste et dialoguiste du film, avait à l'époque une fille de 13 ans. Le découragement des parents face à une adolescente, elle connaissait ! C'est sans doute pourquoi ce film, qui a eu dès sa sortie et à la surprise générale, un succès fou, paraît si réaliste. François et Françoise Beretton ne s'attendaient pas à ce que Vic deviennent une jeune fille pleine d'exigences : elle veut aller dans les boums, elle veut tomber amoureuse… L'actrice principale, Sophie Marceau, dont c'est le premier rôle, a alors 13 ans, et on entendra longtemps parler d'elle…

– Mais qu'est-ce qu'elle a ?

– Treize ans…

LE GUIGNOLO

1980

RÉALISATION : GEORGES LAUTNER
SCÉNARIO : JEAN HERMAN
DIALOGUES : MICHEL AUDIARD
ACTEURS : JEAN-PAUL BELMONDO, GEORGES GÉRET

C'est le Belmondo de la grande époque, celle où il exécute sans sourciller des cascades impressionnantes. Dans *Le Guignolo*, il s'accroche à un hélicoptère en caleçon à pois rouges ! Grand moment ! Son personnage, Alexandre Baroni, escroc notoire, est en mission pour le gouvernement français : il doit passer la frontière italienne avec une mallette contenant, mais il ne le sait pas, un microfilm. Il arrive, bien sûr, à ses fins et sera récompensé : il ne retournera pas en prison. Ce qui n'est pas du goût d'un haut gradé, qui le verrait bien sous les verrous. Mais Alexandre a du répondant…

– Vous savez quelle différence il y a entre un con et un voleur ?
– Non.
– Un voleur, de temps en temps, ça se repose.

A de Chastenet

LA FEMME D'À CÔTÉ

1981

RÉALISATION : FRANÇOIS TRUFFAUT
SCÉNARIO ET DIALOGUES : FRANÇOIS TRUFFAUT, SUZANNE SCHIFFMAN, JEAN AUREL
ACTRICE : FANNY ARDANT

C'est la première fois que Fanny Ardant tourne avec François Truffaut. Celui-ci l'a repérée dans un célèbre feuilleton télévisé de Nina Companeez *Les Dames de la côte* et a été subjugué. Et c'est vrai que l'actrice est envoûtante dans ce film sur la passion amoureuse entre Mathilde et Bernard. Ces deux-là se sont aimés sept ans plus tôt. Le hasard les remet en présence et ravive leurs intenses sentiments. Mais leur union est impossible, et Mathilde sombre dans la dépression. Internée dans un hôpital psychiatrique, elle raconte son histoire à son médecin, qui l'incite à oublier.

– *Mon mari m'aime. Mon mari est comme vous : il fait très bien semblant d'écouter. Il me dit :* « Tu devrais tourner la page. » *Il ne sait pas que cette page pèse cent kilos.*

– Je te lis le début : « Hildegarde, je ne t'ai peut-être jamais autant aimée que cette nuit, et pourtant, tu vas rire, je te quitte.

– Enlève « tu vas rire ».

CLARA ET LES CHICS TYPES

1981

RÉALISATION : JACQUES MONNET
DIALOGUES : JEAN-LOUP DABADIE
SCÉNARIO : JACQUES MONNET ET JEAN-LOUP DABADIE.
ACTEURS : THIERRY LHERMITTE, JOSIANE BALASKO

Le film permet au Splendid de se retrouver presque au complet. Mais cette fois, ce ne sont pas eux les auteurs du scénario, mais Jean-Loup Dabadie qui, avec le réalisateur, fait des merveilles ! L'irrésistible Clara (Isabelle Adjani) va perturber l'amitié d'un groupe de copains d'enfance. Musiciens, ils rencontrent par hasard cette femme libre dont Bertrand (Thierry Lhermitte) tombe fou amoureux, mais, très vite, elle disparaît. Bernard décide de tout quitter pour la retrouver et écrit une lettre de rupture à sa femme, mère de ses enfants. Pas très sûr de son fait, il lit à son ami Louise la missive qu'il veut envoyer.

A de Chastenet

LE PÈRE NOËL EST UNE ORDURE

1982

RÉALISATION : JEAN-MARIE POIRÉ
SCÉNARIO ET DIALOGUES : JEAN-MARIE POIRÉ, LE SPLENDID
ACTEUR : THIERRY LHERMITTE

Difficile de résumer ce film, mais qu'importe ! Tout le monde a vu *Le Père Noël est une ordure,* et tout le monde en garde un souvenir mémorable ! La nuit de Noël, les bénévoles de la permanence téléphonique de SOS Détresse Amitié voient débarquer de drôles d'énergumènes. Félix (Gérard Jugnot) déboule avec un revolver pour récupérer sa fiancée Josette (Marie-Anne Chazel). Il en profite pour tenir des propos désobligeants sur Thérèse, brave employée de l'association. Mais Pierre (Thierry Lhermitte) prend la défense de sa collaboratrice.

– Figurez-vous que Thérèse n'est pas moche. Elle n'a pas un physique facile. C'est différent.

LE PÈRE NOËL EST UNE ORDURE

1982

RÉALISATION : JEAN-MARIE POIRÉ
SCÉNARIO ET DIALOGUES : JEAN-MARIE POIRÉ, LE SPLENDID.
ACTRICE : ANÉMONE

Les répliques cultes du *Père Noël est une ordure*, il y en a pléthore ! Scènes hilarantes, situations ubuesques, on se souviendra, par exemple, de l'arrivée (redoutée) du voisin du dessus, M. Preskovich (Bruno Moynot) et de ses fameux plats immangeables. Le pauvre homme croit bien faire en apportant, ce soir de Noël, des spécialités de sa Bulgarie natale à Thérèse et Pierre : les *« doubitchous de Sofia »,* sorte de truffes au chocolat, sont répugnants, mais Thérèse, la gentille bénévole, n'oserait pour rien au monde peiner son voisin.

– Oui, c'est fin, c'est très fin, ça se mange sans faim.

– « Con, vous avez l'air », c'est pas français. C'est juste, mais c'est pas français.

L'AS DES AS

1982

RÉALISATION : GÉRARD OURY
DIALOGUES DE GÉRARD OURY, DANIÈLE THOMPSON
ACTEUR : JEAN-PAUL BELMONDO

Lorsque Gérard Oury propose à Jean-Paul Belmondo d'interpréter un entraîneur de boxe, la réponse l'acteur ne se fait pas attendre ! Il jouera dans le film et décide même de le coproduire. Tout est fait pour plaire au comédien et aux millions de spectateurs qui se sont précipités voir cette comédie : en 1936, durant les Jeux olympiques de Berlin, l'entraîneur Jo Cavalier croise un petit garçon dans un train et décide de le ramener à ses grands-parents libraires. Mais le couple est juif, et lorsque Jo entre dans la librairie, les SS sont en train de saccager le lieu. L'un d'eux apostrophe Jo : *« Juif, vous avez l'air. »* Jo lui donne alors un petit cours de français…

PAPY FAIT DE LA RÉSISTANCE

1983

RÉALISATION : JEAN-MARIE POIRÉ
DIALOGUES : CHRISTIAN CLAVIER, MARTIN LAMOTTE, JEAN-MARIE POIRÉ
ACTEURS : JULIEN GUIOMAR, MARTIN LAMOTTE

Adaptation d'une pièce de Martin Lamotte et Christian Clavier, *Papy fait de la Résistance* rassemble les grands acteurs comiques du moment : Jacqueline Maillan, Jacques Villeret, Roland Giraud, Gérard Jugnot, et bien sûr, les auteurs de la pièce. Héléna Bourdelle voit son hôtel particulier investit par les Allemands. Son fils, que tout le monde croit collabo, est un coiffeur plutôt efféminé le jour, en réalité « Super Résistant », un héros quelque peu grotesque, la nuit. Il rencontre son chef de réseau, le colonel Vincent, très admiratif devant le jeune homme.

– Dois-je vous appeler « Super » ou « Résistant » ?

– Appelez-moi « Super », pas de chichis !

A de Chastenet

LES RIPOUX

1983

RÉALISATION : CLAUDE ZIDI
DIALOGUES : DIDIER KAMINKA ET SIMON MICKAEL
ACTEURS : THIERRY LHERMITTE, PHILIPPE NOIRET

Un duo classique : le roublard et le candide. René Boisrond (Philippe Noiret) est un flic expérimenté, un vieux briscard, François Lesbuche (Thierry Lhermitte) débarque tout juste de l'école de police. Le premier est un « ripou », celui qui encaisse des pots-de-vin sans demander son reste, le second un jeune homme plein d'illusions. Mais cela ne durera pas ! Et François deviendra pire que René ! Gros succès à sa sortie, le film remportera un César – fait rare pour une comédie – et aura non pas une suite (*Ripoux contre Ripoux* en 1989) mais deux (*Ripoux 3* en 2003), tous réalisés par Claude Zidi et interprétés par les deux mêmes acteurs.

– La magouille, je peux plus. Je veux faire honnêtement un métier honnête.

– Tu veux quitter la police ?

TROIS HOMMES ET UN COUFFIN

1985

RÉALISATION : COLINE SERREAU
DIALOGUES : COLINE SERREAU
ACTEURS : ANNICK ALANE, ROLAND GIRAUD

Panique à bord ! Le très volage Jacques (André Dussollier), un steward, est parti pour l'Extrême-Orient. Ses deux colocataires (Michel Boujenah, Roland Giraud) voient arriver chez eux un « paquet », qui n'est autre qu'un bébé ! Une petite fille, qui serait le fruit des amours de Jacques avec Sylvia (Philippine Leroy-Beaulieu). Commence alors une grande aventure : comment trois célibataires endurcis vont-ils pouvoir s'occuper de l'enfant. Succès phénoménal, plus de 10 millions d'entrées, le film remportera trois césars et sera même adapté à Hollywood avec Tom Selleck. Dans cette scène, Pierre (Roland Giraud) achète pour la première fois un biberon…

– Les tétines… normales ou à trois vitesses ?

– Ah bon, il y a trois vitesses ?

L'EFFRONTÉE

1985

RÉALISATION : CLAUDE MILLER
DIALOGUES : CLAUDE MILLER.
ACTRICE : JULIE GLENN

Charlotte a 13 ans et rien ne va plus. En pleine adolescence, elle reproche à son père cette vie où *« tout est moche »*. Elle grandit trop vite, s'ennuie et n'a qu'une petite voisine, Lulu (Julie Glenn), pour lui tenir compagnie. Cet été-là, elle croise la route d'une jeune fille de son âge, une pianiste virtuose. Charlotte Gainsbourg, dont ce n'est que le deuxième film, stupéfie les spectateurs par son jeu naturel et bouleversant. Elle obtiendra d'ailleurs le césar du meilleur espoir féminin pour ce rôle. Un jour, exaspérée par sa nounou Léone (Bernadette Lafont), qui lui reproche son obsession pour la pianiste, elle craque. Lulu, elle, observe.

– Elle nous fait une fixette.

MES MEILLEURS COPAINS

1988

RÉALISATION : JEAN-MARIE POIRÉ
DIALOGUES : CHRISTIAN CLAVIER
ACTEUR : JEAN-PIERRE DARROUSSIN

Encore un film de copains, encore un film réussi. Et pourtant, il a fait un bide à sa sortie… Multirediffusé à la télévision, *Mes meilleurs copains* est aujourd'hui devenu culte. On ne se lasse pas d'entendre les répliques parfois cruelles, mais le plus souvent hilarantes de ces quadras, anciens membres d'un groupe de rock, devenus ce qu'ils abhorraient : des bourgeois, tous quelque peu névrosés. Seul Danny (Jean-Pierre Darroussin) est encore un vieux hippie, baba cool et charmant. Lui déteste les altercations et ne comprend pas pourquoi son ami Richard (Gérard Lanvin), qui l'héberge et le fait vivre, lui en veut d'avoir accidenté le camion de son entreprise…

– Ben quoi ? Y'a pas mort d'homme !

– Bon, on va faire un petit test. J'vais te dire deux ou trois choses étonnantes comme ça, mais qui devront pas t'étonner !

– D'accord.

– Compris ? Tu es bien concentré ?

– Oui m'sieur…

– Tu sais que ton père… était avec le p'tit pompiste avant ? Tu vois ?

– Bon, mais…

– Ah ben, oui… Ben non, ça doit pas t'étonner !

– Non mais là, c'est…

– Ben oui, c'est étonnant.

ITINÉRAIRE D'UN ENFANT GÂTÉ

1988

RÉALISATION : CLAUDE LELOUCH
DIALOGUES : CLAUDE LELOUCH
ACTEURS : JEAN-PAUL BELMONDO, RICHARD ANCONINA

D*ans la vie, il ne faut être étonné de rien » :* belle leçon de Sam Lion (Jean-Paul Belmondo), homme d'affaires qui a voulu disparaître et s'est enfui en Afrique, à Al (Richard Anconina), jeune homme naïf qui veut réussir dans la vie. Au-delà des répliques, c'est la scène tout entière qui est restée dans les mémoires. Le numéro de Belmondo en homme revenu de tout face à un Anconina, candide et impressionnable, vaut son pesant d'or ! Le film, un des gros succès de Claude Lelouch, a valu un césar du meilleur acteur à Belmondo… qui n'est d'ailleurs jamais venu le chercher !

LA VIE EST UN LONG FLEUVE TRANQUILLE

1988

RÉALISATION : ÉTIENNE CHATILIEZ
DIALOGUES : ÉTIENNE CHATILIEZ, FLORENCE QUENTIN
ACTRICE : HÉLÈNE VINCENT

D'un côté, les Le Quesnoy, bourgeois et catholiques, de l'autre les Groseille, des gens modestes, ne vivant que d'aides sociales, et, pour les deux familles, une même et terrible révélation : la fille des uns a été échangée à la maternité avec le fils des autres. Consternation pour ces deux familles, bonheur pour les spectateurs qui avaient rarement vu un film réussissant parfaitement à mêler humour et cruauté. Etienne Chatiliez s'amuse comme un fou à se moquer des différences sociales. Chez la très bien-pensante Mme Le Quesnoy (Hélène Vincent), chaque jour a son menu : on ne plaisante pas avec les traditions surtout lorsqu'on accueille le curé de la paroisse (Patrick Bouchitey).

– *C'est lundi, c'est raviolis.*

A de Chastenet

– Mais madame, j'vous jure que j'ai jamais couché avec un garçon.
– Marie-Thérèse, ne jurez pas, je vous en prie.

LA VIE EST UN LONG FLEUVE TRANQUILLE

1988

RÉALISATION : ÉTIENNE CHATILIEZ
DIALOGUES : ÉTIENNE CHATILIEZ, FLORENCE QUENTIN
ACTRICES : CATHERINE JACOB, HÉLÈNE VINCENT

Mme Le Quesnoy est à bout de nerfs. Comme si elle n'avait pas assez d'ennuis : elle vient d'apprendre que sa fidèle employée de maison, Marie-Thérèse, est enceinte ! Mais, scandale ! celle-ci n'est pas mariée et elle jure ses grands dieux qu'elle n'a pas « connu » d'amoureux ! Scène épique, qui fit la renommée de la comédienne Catherine Jacob par la grâce du personnage peu flatteur de Marie-Thérèse. Catherine Jacob remportera même le césar du meilleur espoir féminin pour ce rôle court, mais qui marqua, ô combien, les esprits. Le film, lui, remportera le césar du meilleur premier film.

– Une histoire d'amour, c'est comme une œuvre d'art : une étincelle, beaucoup de patience, et la patine du temps.

TROP BELLE POUR TOI

1989

RÉALISATION : BERTRAND BLIER
DIALOGUES : BERTRAND BLIER
ACTEUR : FRANÇOIS CLUZET

Bertrand Blier aime porter d'autres regards sur ses acteurs. Dans ce film intense, Bernard (Gérard Depardieu), est l'heureux époux d'une femme magnifique, Florence, (Carole Bouquet), mais il lui préfère une amante au physique difficile : Colette (Josiane Balasko). L'actrice peut enfin révéler aux spectateurs la grande palette de son jeu : en secrétaire discrète qui rencontre le grand amour, un amour réciproque, elle est extraordinaire, sensible et fragile, bien loin de ses rôles habituels. François Cluzet, son écrivain raté de mari, donne ici une belle définition de l'amour.

LES MARIS, LES FEMMES, LES AMANTS

1989

RÉALISATION : PASCAL THOMAS
DIALOGUES : PASCAL THOMAS
ACTEUR : JEAN-FRANÇOIS STÉVENIN

Au mois d'août, les mères sont à Paris, les pères à l'île de Ré : à eux de s'occuper de cette progéniture survoltée pendant les vacances. Cette période est surtout un moyen d'y voir plus clair entre maris, femmes et amants… Le trop rare Pascal Thomas écrit ici une ode à la liberté des femmes, à l'adolescence perdue, à la nostalgie du soleil de fin de vacances, tout cela baigné par la chanson de Paolo Conte *It's wonderful*… Quant à Martin (Jean-François Stévenin), l'un des maris abandonnés, scénariste un rien laxiste et très distrait, il tente d'apaiser les humeurs des uns et des autres avec cette réplique, proférée en pleine guerre du Liban, d'une logique implacable…

– N’oublions pas
que les vrais problèmes
sont à Beyrouth.

– Tu l'as vue ?
Elle est immonde !

LA DISCRÈTE

1990

RÉALISATION : CHRISTIAN VINCENT
DIALOGUES : JEAN-PIERRE RONSSIN, CHRISTIAN VINCENT
ACTEUR : FABRICE LUCHINI

Si Fabrice Luchini avait déjà tourné des dizaines de films, c'est avec ce film, poétique et original, et peut-être même cette réplique, qu'il devint un acteur de premier plan. L'histoire cruelle de cet écrivain, quitté par une femme qui décide de se venger de toutes les autres, fut un grand succès. Antoine (Fabrice Luchini) choisit une jeune fille par hasard pour prendre sa revanche. Et le hasard le met en présence de Catherine (Judith Henry), mais le goujat ne la trouve pas à son goût. Il devra pourtant aller au bout de son déplorable dessein. Il partage ici sa déception avec son éditeur, Jean Costal (Maurice Garrel), qui lui a donné l'idée de cette entreprise.

A de Chastenet

LES VISITEURS

1992

RÉALISATION : JEAN-MARIE POIRÉ
DIALOGUES : JEAN-MARIE POIRÉ, CHRISTIAN CLAVIER
ACTEUR : CHRISTIAN CLAVIER

Le film fut un triomphe (presque 14 millions d'entrées) et devint culte ! Les *« Okaaay »* de Jacquouille la fripouille (Christian Clavier), ou le *« Silence, maraud, je parlemente »* de Godefroy de Montmirail (Jean Reno) demeurent à jamais dans les mémoires ! Après avoir bu un breuvage ensorcelé, un aristocrate venu du XIIe siècle débarque dans la France d'aujourd'hui en compagnie de son écuyer, Jacquouille : on imagine déjà l'enchaînement de catastrophes. Dans une scène mémorable, Jacquouille rencontre une SDF (Marie-Anne Chazel). Leur relation commence mal, mais pas pour longtemps : les deux drôles de personnages tomberont amoureux.

– Merci, la gueuse. Tu es un laideron, mais tu es bien bonne.

LA CRISE

1992

RÉALISATION : COLINE SERREAU
DIALOGUES : COLINE SERREAU
ACTRICE : MARIA PACÔME

Tout va mal pour Victor (Vincent Lindon) : le même jour, il est soudainement licencié et sa femme s'en va. Son moral est au plus bas. Avec Michou (Patrick Timsit), un paumé rencontré par hasard, il retourne dans sa maison familiale, espérant être réconforté par sa mère (Maria Pacôme). Mais rien ne se passe comme prévu : celle-ci, après trente ans de mariage, quitte le domicile conjugal pour un homme plus jeune. Elle décide, comme elle le dit elle-même, de *« prendre sa retraite »*. Victor est éberlué. Avec un calme olympien, sa mère lui explique la situation. Une tirade qui fera date !

– Alors, écoute, Victor, tu arrêtes. Tu arrêtes tout de suite. Tu te tais et tu m'écoutes. D'accord ? Alors, écoute bien : tes problèmes de boulot, tes problèmes avec ta femme, tes problèmes de fric, tes problèmes en général et en particulier… moi, ta mère, je m'en fous comme de l'an 40, tu m'entends ? Je m'en fous, mais alors, je m'en fous, je peux pas te dire à quel point je m'en fous. J'en ai vraiment rien, rien, rien à foutre !

– Parlez-moi de vous, plutôt…

– Odile… Moi, c'est Odile… Pluto, c'est l'ami de Mickey !

– Ah non… Pluto, c'est le chien de Mickey. L'ami de Mickey, c'est Dingo.

LA CITÉ DE LA PEUR

1994

RÉALISATION : ALAIN BERBERIAN
DIALOGUES : DOMINIQUE FARRUGIA, CHANTAL LAUBY, ALAIN CHABAT
ACTEURS : GÉRARD DARMON, CHANTAL LAUBY

Ce sera le premier et le dernier film des Nuls. En effet, quelques années avant la sortie de cette œuvre culte, plus précisément à la mort brutale, en 1989, de l'un de ses membres, Bruno Carette, le groupe d'humoristes s'est séparé, chacun menant une carrière individuelle. C'était donc l'ultime occasion de voir Alain Chabat, Chantal Lauby et Dominique Farrugia réunis pour cette comédie hilarante. Au Festival de Cannes, une série de meurtres de projectionnistes est perpétrée. Le commissaire Bialès (Gérard Darmon) arrive sur les lieux. Il rencontre une attachée de presse (Chantal Lauby), et ils font plus amplement connaissance.

LA CITÉ DE LA PEUR

1994

RÉALISATION : ALAIN BERBERIAN
DIALOGUES : DOMINIQUE FARRUGIA, CHANTAL LAUBY, ALAIN CHABAT
ACTEUR : SAM KARMANN

Après de multiples rebondissements, l'affaire des meurtres de projectionnistes est enfin résolue. L'assassin était Emile Gravier, projectionniste lui-même, et amoureux fou d'Odile (Chantal Lauby). Il est abattu, mais, avant de rendre l'âme, il avoue ses sentiments à sa bien-aimée. Celle-ci, plutôt que de s'attendrir, lui offre un chewing-gum pour camoufler son haleine fétide ! Dans cette scène, le pauvre Emile tente désespérément de citer le président Abraham Lincoln *(« On peut tromper une partie du peuple tout le temps, et tout le peuple une partie du temps, mais on ne peut pas tromper tout le peuple tout le temps »),* sans jamais y parvenir !

– On peut tromper mille fois une personne. Mais on ne peut pas tromp… si, on peut tromper une fois… heu non, on ne peut pas tromper mille fois mille personnes… mais on peut tromper une fois mille personnes. Non…

– C'est l'histoire d'un homme qui tombe d'un immeuble de 50 étages. Le mec, au fur et à mesure de sa chute, il se répète sans cesse pour se rassurer : jusqu'ici tout va bien, jusqu'ici tout va bien, jusqu'ici tout va bien. Mais l'important n'est pas la chute, c'est l'atterrissage.

LA HAINE

1995

RÉALISATION : MATHIEU KASSOVITZ
DIALOGUES : MATHIEU KASSOVITZ
ACTEUR : HUBERT KOUNDÉ

Ce monologue culte sert d'introduction à *La Haine,* qui eut, à sa sortie, un impact retentissant. C'est la première fois qu'un réalisateur filme de si près la vie de banlieue, les émeutes, les violences policières. Le long-métrage, sélectionné pour le Festival de Cannes, reçoit le prix de la mise en scène, puis le césar du meilleur film. Quant à cette citation, tirée des *Sept Mercenaires* de John Sturges (1960), elle a été prononcée par Steve McQueen. Mathieu Kassovitz ayant seulement ajouté : *« Mais l'important n'est pas la chute, c'est l'atterrissage. »*

LA VÉRITÉ SI JE MENS

1997

RÉALISATION : THOMAS GILOU
DIALOGUES : MICHEL MUNZ ET GÉRARD BITTON
ACTEUR : GILBERT MELKI

Le jeune Edouard Vuibert (Richard Anconina) se fait passer pour un homme de confession juive, et le voilà embarqué dans le milieu du Sentier où, peu à peu, il gravit les échelons et passe de simple manutentionnaire à patron de sa propre entreprise. Le film n'est pas seulement un grand succès – une suite puis une autre voient le jour –, il permet, en compagnie du héros, de découvrir une communauté haute en couleur ! Chaque acteur déborde d'enthousiasme, tel Gilbert Melki dans le rôle de Patrick Abitbol, devenu milliardaire aux Etats-Unis. Il est ici de retour à Paris avec une nouvelle fiancée.

– Montre la bague, chérie. The ring, look. Attention, c'est pas du toc !

A de Chastenet

LE DÎNER DE CONS

1998

RÉALISATION : FRANCIS VEBER
DIALOGUES : FRANCIS VEBER
ACTEURS : THIERRY LHERMITTE, JACQUES VILLERET

Ce dialogue restera dans les annales grâce à Jacques Villeret qui, d'un simple regard, dit tout de son incompréhension et, il faut l'avouer, de sa bêtise crasse. Francis Veber a connu un grand succès avec ce film, qui lui a été inspiré par une histoire vraie : Jacques Martin lui aurait parlé de ces dîners, organisés par les membres d'une très sélecte boîte de nuit parisienne, Castel, où l'on devait inviter à sa table un rasoir ou un sot. Sur le tournage de cette scène, l'équipe technique fut prise d'un tel fou rire que le réalisateur dut s'y prendre à plusieurs fois pour la mettre en boîte !

– Il s'appelle Juste Leblanc.
– Ah bon, il a pas de prénom ?
– Je viens de vous le dire : Juste Leblanc… Votre prénom, c'est François, c'est juste ? Eh bien, lui, c'est pareil, c'est Juste.

– Vous, au moins, vous ne risquez pas d'être un légume, puisque même un artichaut a du cœur !

LE FABULEUX DESTIN D'AMÉLIE POULAIN

2001

RÉALISATION : JEAN-PIERRE JEUNET
DIALOGUES : GUILLAUME LAURANT
ACTRICE : AUDREY TAUTOU

Amélie Poulain veut faire du bien autour d'elle. On l'appelle même *« la marraine des laissés-pour-compte »* ou *« la madone des mal-aimés »*. Ce personnage fantasque, interprété par Audrey Tautou, fut adoré par les spectateurs du monde entier. Le film, en effet, eut un immense succès dans 32 pays ! Avec la musique de Yann Tiersen, l'incroyable esthétisme de chaque plan et la gentille gouaille de l'actrice, *Le Fabuleux Destin d'Amélie Poulain* a conquis tous les publics. Il recevra le césar du meilleur film et du meilleur réalisateur. Dans cette scène, Amélie tente de protéger Lucien (Jamel Debbouze) de la cruauté de son épicier de patron, M. Collignon (Urbain Cancelier).

ASTÉRIX ET OBÉLIX : MISSION CLÉOPÂTRE

2002

RÉALISATION : ALAIN CHABAT
DIALOGUES : ALAIN CHABAT, RENÉ GOSCINNY, ALBERT UDERZO
ACTEURS : CHRISTIAN CLAVIER, JAMEL DEBBOUZE

Mêler les talents de Goscinny et d'Uderzo à celui d'Alain Chabat ne pouvait être qu'une bonne idée. Que Claude Berri en soit remercié ! En réalisant le deuxième long-métrage de la saga Astérix, de loin le meilleur, le plus désopilant, Alain Chabat pouvait compter sur l'ingéniosité de ses acteurs. Mais le film s'appuie aussi sur le texte des créateurs du plus célèbre des Gaulois pour intégrer références historiques et contemporaines, comme dans cet extrait qui voit une conversation surréaliste entre Astérix (Christian Clavier) et Numérobis (Jamel Debbouze), l'architecte chargé par Cléopâtre de construire un palais en trois mois.

– C'est quoi, cette lueur à l'horizon, Numérobis ?

– Les lumières du port d'Alexandrie…

–… font naufrager les papillons de ma jeunesse.

– Hein ?

– Non, je ne sais pas pourquoi je dis ça…

– Ah, elles ont morflé, les Spice Girls, dis donc !

LE CŒUR DES HOMMES

2003

RÉALISATION : MARC ESPOSITO
DIALOGUES : MARC ESPOSITO
ACTEUR : MARC LAVOINE

Le premier long-métrage de fiction de Marc Esposito, créateur du célèbre magazine de cinéma *Première,* remporte un grand succès. Le film connaîtra par la suite deux suites, en 2007 et en 2013. Le journaliste choisit de raconter la vie d'une bande de quadragénaires, leurs histoires d'amour, leurs rigolades et leurs déprimes. Justement, Antoine (Bernard Campan) va mal : sa femme vient de le quitter. Pour lui remonter le moral, ses copains l'emmènent passer quelques jours au bord de la mer. Sur la plage, surviennent quatre femmes plus toutes jeunes, qui inspirent cette réplique peu courtoise à Alex (Marc Lavoine).

PODIUM

2004

RÉALISATION : YANN MOIX
DIALOGUES : YANN MOIX, OLIVIER DAZAT, ARTHUR-EMMANUEL PIERRE
ACTEUR : BENOÎT POELVOORDE

Pour son premier long-métrage, l'écrivain Yann Moix adapte l'un de ses propres romans. Il choisit pour tenir le rôle principal, un sosie de Claude François, le comédien belge Benoît Poelvoorde. Déchaîné, antipathique et prétentieux, Bernard Frédéric, qui avait un temps arrêté sa carrière, reprend du service. Il fera tout pour remporter le concours de « La nuit des sosies ». Notons que c'est l'acteur lui-même qui interprète toutes les chansons du film. Bernard motive ici son ami Couscous (Jean-Paul Rouve), sosie de Michel Polnareff, et ses danseuses, les… Bernadettes !

– On va leur mettre le feu. Je peux vous dire que Johnny Hallyday au Stade de France à côté, c'est un Playmobil dans un évier.

– Je me demandais s'il y avait moyen d'écrire le bouquin dans le style de… Bau-de-laire.

MENSONGES ET TRAHISONS ET PLUS SI AFFINITÉS...

2004

RÉALISATION : LAURENT TIRARD, GRÉGOIRE VIGNERON
ACTEUR : CLOVIS CORNILLAC

Dure vie que celle de « nègre » ou « écrivain fantôme ». Raphaël (Edouard Baer), écrivain raté, écrit des autobiographies pour les autres. On lui propose celle d'un footballeur, Kevin Storena (Clovis Cornillac), gentil illettré. Mais Raphaël réalise que le footballeur est le fiancé de Muriel, la demoiselle dont il fut jadis amoureux. Pour ce film, Clovis Cornillac, formidable dans son rôle de star du ballon rond, recevra le césar du meilleur acteur dans un second rôle. Lors de la première rencontre entre le nègre littéraire et Kevin, ce dernier présente quelques exigences stylistiques.

BRICE DE NICE

2005

RÉALISATION : JAMES HUTH
DIALOGUES JAMES HUTH, JEAN DUJARDIN
ACTEUR : JEAN DUJARDIN

Fait inaccoutumé, le film *Brice de Nice* est né grâce à un sketch ! Celui de Jean Dujardin, à l'époque membre du groupe d'humoristes, les Nous Ç Nous. L'histoire de ce surfeur, frimeur et insouciant, qui attend patiemment la venue d'une vague géante sur la plage de Nice, a immédiatement plu au public, et l'idée d'en faire un long-métrage n'a pas tardé à germer. Spécialiste des joutes verbales, Brice ne s'amuse jamais autant qu'en « cassant » les autres. La preuve avec cette réplique… le terme « yellow » signifiant, pour ce personnage tout vêtu de jaune, « soirée ».

– Je fais une « yellow »

chez moi, ce soir.

Ça te dirait de…

de pas venir ?

T'es cassé ! Dégage !

– Alors ? On n'attend pas Patrick ?

CAMPING

2006

RÉALISATION : FABIEN ONTENIENTE
DIALOGUES : FRANCK DUBOSC, FABIEN ONTENIENTE, PHILIPPE GUILLARD
ACTEUR : FRANCK DUBOSC

Franck Dubosc n'a pas eu à chercher loin pour coécrire le scénario de *Camping*. Il en fut, en effet, un habitué régulier jusqu'à l'âge de 36 ans ! Au camping des Flots Bleus, au Pyla, tout le monde se connaît. Et quand Michel (Gérard Lanvin) y atterrit accidentellement, il découvre un nouvel univers, avec ses douches communes et son pastis obligatoire. Patrick Chirac (Franck Dubosc), quadra souriant et serviable, l'aidera à se familiariser avec les coutumes du lieu et avec ses voisins de tente. Immense succès pour ce film, qui connaîtra deux suites. Cette réplique, la plus célèbre de l'opus, est même devenue une expression entrée dans le langage courant.

OSS 117. LE CAIRE NID D'ESPIONS

2006

RÉALISATION : MICHEL HAZANAVICIUS
DIALOGUES : MICHEL MICHEL HAZANAVICIUS, JEAN-FRANÇOIS HALIN
ACTEURS : JEAN DUJARDIN, BÉRÉNICE BEJO

Il se croit très malin, mais il est d'une bêtise crasse. Voilà une assez proche définition du célèbre OSS 117, espion français, et non plus américain comme dans les romans de Jean Bruce, dont le film est la très libre adaptation. Raciste, prétentieux, misogyne, mais aussi élégant et drôle sans le vouloir… c'est Jean Dujardin qui incarne ce rôle hilarant. Dans ce premier opus (il y en aura un deuxième, trois ans plus tard), Hubert Bonisseur de La Bath, dit OSS 117, enquête sur la disparition d'un agent en Egypte. Au cours de sa mission, il rencontre la belle Larmina (Bérénice Bejo), qui devra lui expliquer le b.a.-ba de la culture musulmane.

– Cette nuit, j'ai été réveillé par des cris horribles, un homme hurlait à la mort du haut de la tour, là-bas. Impossible de dormir. J'ai été obligé de le faire taire.

– Le muezzin ? Vous avez fait taire le muezzin ?

– Le muezzin ?

– Le prêtre qui appelle les fidèles à la prière du matin.

– Ah, j'ignorais. C'était donc ça, tout ce tintouin.

A de Chastenet

– C’est le Nooooord !

BIENVENUE CHEZ LES CH'TIS

2008

RÉALISATION : DANY BOON
SCÉNARIO ET DIALOGUES : DANY BOON, ALEXANDRE CHARLOT, FRANCK MAGNIER
ACTEUR : MICHEL GALABRU

Tous ceux qui avaient encore une image détestable du nord de la France en seront pour leurs frais ! Ce film, le plus gros succès de l'histoire du cinéma français, avec pas moins de 20 489 303 entrées, a tordu le cou aux méchantes langues. Dany Boon, originaire d'Armentières, connaît bien sa région et l'aime tendrement. Il rend ici un bel hommage à ses habitants et à leur langue picarde. Son héros, Philippe Abrams (Kad Merad), est muté dans le Pas-de-Calais : consternation. Avant de partir, il interroge le grand-oncle de sa femme (Michel Galabru), qui connaît l'endroit, mais ne fait rien pour le rassurer, lui affirmant que les gens y sont miséreux et que les températures atteignent parfois les moins 40.

OSS 117. RIO NE RÉPOND PLUS

2009

RÉALISATION : MICHEL HAZANAVICIUS
DIALOGUES : MICHEL HAZANAVICIUS, JEAN-FRANÇOIS HALIN
ACTEURS : JEAN DUJARDIN

Retour en fanfare du plus ridicule des espions français avec cette suite d'OSS 117. Hubert Bonisseur de La Bath est toujours le même, qui, lors de sa visite au Brésil, commettra gaffe sur gaffe. Sa mission : récupérer un microfilm contenant une liste d'anciens collaborateurs français. Mais l'agent, antisémite et plein de lui-même, devra affronter bien des épreuves. Il fera la connaissance de membres du Mossad, stupéfaits par sa naïveté. Qui atteindra des sommets lorsqu'il se présentera à l'ambassade d'Allemagne pour faire une étonnante demande sous les yeux ulcérés de l'employé.

– Vous avez bien une amicale des anciens nazis ? Un club ? Une association peut-être ?

– Maman, c'est quoi ta matière préférée ?
– Le cachemire, chérie.
- Mais non, à l'école !

LOL (LAUGHING OUT LOUD)

2009

RÉALISATION : LISA AZUELOS
DIALOGUES : LISA AZUELOS, NANS DELGADO
ACTRICES : THAÏS ALESSANDRIN, SOPHIE MARCEAU

La jeune fille de *La Boum* a bien grandi. Sophie Marceau peut aujourd'hui jouer le rôle d'une mère d'adolescente. Trente ans plus tard, c'est donc elle qui incarne Anne, et elle a maille à partir avec sa fille. Lola (Christa Theret) a 16 ans et ne vit que pour ses amis et les réseaux sociaux. Anne ne le supporte plus. Disputes, retrouvailles, cris et câlins, c'est l'histoire banale et réaliste des relations entre mère et fille. D'autant qu'Anne, qui élève seule ses deux enfants, a, elle aussi, ses problèmes. Après une ultime querelle, Lola décide de partir vivre chez son père. En attendant, la mère pressée doit répondre aux questions de sa cadette, Louise (Thaïs Alessandrin).

TOUT CE QUI BRILLE

2010

RÉALISATION : GÉRALDINE NAKACHE ET HERVÉ MIMRAN
DIALOGUES : GÉRALDINE NAKACHE ET HERVÉ MIMRAN
ACTEURS : AUDREY LAMY, EYAL HAMOU, ALEXANDRE BENGUIGUI

C'est un petit film qu'on n'avait pas vu venir. Mais les aventures de ces deux jeunes femmes, amies pour la vie, ont fait chavirer les cœurs les plus secs. Ely (Géraldine Nakache) et Lila (Leïla Bekhti) n'en peuvent plus de leur banlieue et rêvent de vivre à Paris. En attendant, elles s'incrustent dans les soirées parisiennes et jouent un rôle qui ne leur va pas si bien. Première coréalisation de la comédienne Géraldine Nakache, ce film si tendre et si joliment dialogué a mis en lumière son talent d'actrice et celui de son amie Leïla Bekhti. Mais on retiendra aussi l'incroyable naturel d'une petite nouvelle en copine souffre-douleur : Audrey Lamy.

– Jordan, tu le fouettes encore une seule fois, c'est moi qui te fouette, là !

– Oui, mais il m'a dit « ta mère la caissière ».

– Chris, pourquoi t'as dit « ta mère la caissière » ?

– Mais elle est caissière, sa mère !

– Elle est caissière, ta mère ?

Oui.

– Bah alors…

A de Chastenet

INTOUCHABLES

2011

RÉALISATION : OLIVIER NAKACHE ET ÉRIC TOLEDANO
DIALOGUES : OLIVIER NAKACHE ET ÉRIC TOLEDANO
ACTEUR : OMAR SY

On connaît l'incroyable destin d'*Intouchables* : plus de 19 millions d'entrées en France pour ce film drôle et émouvant, tiré d'une histoire vraie, celle de Philippe Pozzo di Borgo, devenu tétraplégique après un accident de parapente. La venue d'un fantasque auxiliaire de vie va lui réapprendre le goût de rire et d'aimer. François Cluzet incarne cet aristocrate sidéré et amusé par Driss (Omar Sy), qui ne sait quoi faire pour rendre l'existence de son patron plus légère. Irrésistible, charmant et souvent impertinent, Omar Sy explose littéralement dans ce rôle pour lequel il recevra le césar du meilleur acteur, et qui le rendra célèbre dans le monde entier.

– Pas de bras, pas de chocolat !

– Et moi, c'est Tuche, avec un t. Comme t'es là. T'es là, t'es là ou t'es pas là ? T'es pas là ? Ben, où c'est qu't'es ? Où c'est qu't'es ? T'es pas là ? T'es pas là ? Où c'est qu't'es ? Ah, t'es là ! T'es là ou t'es pas là, avec un t comme Tuche, comme t'es là. Tuche, t'es là !

LES TUCHE

2011

RÉALISATION : OLIVIER BAROUX
DIALOGUISTES : CHANTAL LAUBY, PHILIPPE MECHELEN
ACTEUR : JEAN-PAUL ROUVE

Si le film a connu un certain succès à sa sortie, il a fallu attendre sa diffusion à la télévision pour qu'il devienne culte. A tel point qu'un *Tuche 2* et un *Tuche 3* sortirent les années suivantes et gagnèrent de plus en plus de spectateurs. Les Tuche, famille modeste et très unie, ont gagné au Loto. Avec leurs 100 millions d'euros en poche, ils décident de mener grande vie à Monaco. Comédie potache, mais jamais cruelle, Jeff Tuche (Jean-Paul Rouve), éternel chômeur à l'accent et aux discours très particuliers, entraîne sa femme (Isabelle Nanty), sa mère (Claire Nadeau) et ses trois enfants dans d'irrésistibles aventures.

L'AMOUR DURE TROIS ANS

2012

RÉALISATION : FRÉDÉRIC BEIGBEDER
DIALOGUES : FRÉDÉRIC BEIGBEDER, CHRISTOPHE TURPIN, GILLES VERDIANI, GASPARD PROUST
ACTEUR : GASPARD PROUST

Pour son tout premier film, Frédéric Beigbeder adopte son propre roman, *L'amour dure trois ans* ou les mésaventures de Marc Marronnier (Gaspard Proust), critique littéraire, traumatisé par son divorce, qui rencontre le grand amour sous les traits d'Alice (Louise Bourgoin). Mais celle-ci est la femme de son cousin (Nicolas Bedos). Marronnier devra habilement manœuvrer pour qu'ils deviennent amants, mais la sortie de son roman va tout gâcher. Pour son vrai premier rôle au cinéma, l'humoriste Gaspard Proust est des plus convaincants en amoureux transi.

– Elle est tellement belle, cette femme… moi, elle me donne envie de sauver des bébés phoques.

LE SENS DE LA FÊTE

2017

RÉALISATION : OLIVIER NAKACHE ET ÉRIC TOLEDANO
ACTEURS : GRÉGOIRE BONNET, JEAN-PIERRE BACRI

Retour du duo gagnant : les réalisateurs Olivier Nakache et Eric Toledano écrivent une nouvelle comédie avec, et c'est une première, le désopilant Jean-Pierre Bacri. Il y incarne Max Angeli, organisateur de mariages, entouré de bras cassés qui vont transformer une cérémonie classique en grand n'importe quoi. Tous les seconds rôles sont inénarrables, en commençant par Gilles Lelouche en chanteur ringard ou Benjamin Lavernhe en marié à bout de nerfs. Mais Bacri, personnage à la fois dépassé et cartésien, remporte tous les suffrages. Il est ici en compagnie d'un financier à qui il a envoyé, comme à son habitude, un texto quelque peu erroné.

– Vous avez reçu mon texto ?

– Ah oui, mais je vous ai répondu, d'ailleurs.

– Oui, vous m'avez écrit : dès que vous arrivez, vous me demandez et puis je viendrai vous lécher tout de suite.

– Non ? Quelle catastrophe ! Ça, c'est mon correcteur.

– C'est ce que j'ai pensé, comme on se connaît pas bien…

MADEMOISELLE DE JONCQUIÈRES

2018

RÉALISATION : EMMANUEL MOURET
DIALOGUES : EMMANUEL MOURET
ACTRICE : CÉCILE DE FRANCE

Adapté, tout comme *Les Dames du bois de Boulogne* de Robert Bresson, d'après *Jacques le Fataliste* de Diderot, le film est l'histoire d'une vengeance : celle qu'exerce Mme de La Pommeraye (Cécile de France) contre son ancien amant, le marquis des Arcis (Edouard Baer). Mme de La Pommeraye a cru que ce séducteur de marquis l'aimerait pour toujours. Elle comprend qu'il n'en est rien, et elle lui présente une jeune fille dont il tombe fou amoureux. Or, cette demoiselle est en réalité une prostituée. Dans cette scène, la belle Mme de La Pommeraye est encore au comble du bonheur et, à Lucienne (Laure Calamy), son amie, elle précise la différence entre une aventure et le grand amour.

– Un bonheur qui ne dure pas, on appelle ça du plaisir.

SOMMAIRE

SOMMAIRE

FILMOGRAPHIE

Marius *(Alexander Korda, 1931) Scénario et dialogues : Marcel Pagnol.*
Fanny *(Marc Allégret, 1932) Scénario et dialogues : Marcel Pagnol.*
Drôle de drame *(Marcel Carné, 1937) Scénario : Jacques Prévert, d'après* His First Offence *de Joseph Storer Clouston. Dialogues : Jacques Prévert.*
La Grande Illusion *(Jean Renoir, 1937) Scénario et dialogues Jean Renoir et Charles Spaak.*
Le Quai des brumes *(Marcel Carné, 1938) Scénario : Jacques Prévert, d'après le roman de Pierre Mac Orlan. Dialogues : Jacques Prévert.*
Hôtel du Nord *(Marcel Carné, 1938) Scénario : Jean Aurenche et Henri Jeanson, d'après le roman d'Eugène Dabit. Dialogues : Henri Jeanson.*
La Femme du boulanger *(Marcel Pagnol, 1938) Scénario et dialogues : Marcel Pagnol, d'après* Jean le Bleu *de Jean Giono.*
Le Schpountz *(Marcel Pagnol, 1938) Scénario et dialogues : Marcel Pagnol.*
Pépé le Moko *(Julien Duvivier, 1937) Scénario Henri La Barthe, Julien Duvivier, Jacques Constant, Henri Jeanson, d'après le roman d'Henri La Barthe. Dialogues : Henri Jeanson.*
Les Enfants du paradis *(Marcel Carné, 1945) Scénario et dialogues : Jacques Prévert.*
Les Dames du bois de Boulogne *(Robert Bresson, 1945) Scénario : Robert Bresson, d'après* Jacques le Fataliste et son maître *de Denis Diderot. Dialogues : Jean Cocteau.*
Knock *(Guy Lefranc, 1951) Scénario : Jacques Neveux d'après la pièce de Jules Romains. Dialogues : Jules Romains.*
Madame de... *(Max Ophuls, 1953) Scénario : Marcel Achard, Max Ophuls et Annette Wademant, d'après le roman de Louise de Vilmorin. Dialogues : Marcel Achard.*
La Traversée de Paris *(Claude Autant-Lara, 1956) Scénario et dialogues Jean Aurenche et Pierre Bost. D'après une nouvelle de Marcel Aymé.*
Les Quatre Cents Coups *(François Truffaut, 1959) Scénario : François Truffaut. Dialogues : Marcel Moussy.*

Le Bossu *(André Hunebelle, 1959) Scénario : Jean Halain, Pierre Foucaud, André Hunebelle, d'après le roman de Paul Féval. Dialogues : Jean Halain.*

A bout de souffle *(Jean-Luc Godard, 1959) Scénario et dialogues : Jean-Luc Godard.*

Zazie dans le métro *(Louis Malle, 1959) Scénario et dialogues : Louis Malle et Jean-Paul Rappeneau.*

Le cave se rebiffe *(Gilles Grangier, 1961) Scénario Michel Audiard, Gilles Grangier et Albert Simonon d'après le roman d'Albert Simonin. Dialogues : Michel Audiard.*

Une femme est une femme *(Jean-Luc Godard, 1961) Scénario et dialogues : Jean-Luc Godard.*

Un taxi pour Tobrouk *(Denys de La Patellière, 1961) Scénario : Denys de La Patellière et René Havard. Dialogues : Michel Audiard.*

Un singe en hiver *(Henri Verneuil, 1962) Scénario : François Boyer, Michel Audiard et Henri Verneuil, d'après le roman d'Antoine Blondin. Dialogues : Michel Audiard.*

La Guerre des boutons *(Yves Robert, 1962) Scénario : Yves Robert et François Boyer, d'après le roman de Louis Pergaud. Dialogues : François Boyer.*

Le Mépris *(Jean-Luc Godard, 1963) Scénario Jean-Luc Godard, d'après le roman d'Alberto Moravia. Dialogues : Jean-Luc Godard.*

Les Tontons flingueurs *(Georges Lautner, 1963) Scénario : Albert Simonin et Georges Lautner, d'après le roman d'Albert Simonin. Dialogues : Michel Audiard.*

Cent mille dollars au soleil *(Henri Verneuil, 1964) Scénario : Marcel Jullian et Henri Verneuil d'après le roman de Claude Veillot* Nous n'irons pas au Nigeria. *Dialogues : Michel Audiard.*

Les Barbouzes *(Georges Lautner, 1964) Scénario : Albert Simonin et Michel Audiard. Dialogues : Michel Audiard.*

Pierrot le Fou *(Jean-Luc Godard, 1965) Scénario : Jean-Luc Godard et Rémo Forlani, d'après* Obsession *de Lionel White. Dialogues : Jean-Luc Godard.*

Le Corniaud *(Gérard Oury, 1965) Scénario : Gérard Oury et Marcel Jullian. Dialogues : Georges Tabet et André Tabet.*

La Grande Vadrouille *(Gérard Oury, 1966) Scénario : Gérard Oury, Danièle Thompson et Marcel Jullian Dialogues : Georges Tabet et André Tabet.*
Faut pas prendre les enfants du bon Dieu pour des canards sauvages *(Michel Audiard, 1968) Scénario : Michel Audiard, Jean-Marie Poiré et Henri Viard. Dialogues : Michel Audiard.*
Baisers volés *(François Truffaut, 1968) Scénario et dialogues : François Truffaut, Claude de Givray et Bernard Revon.*
Le Pacha *(Georges Lautner, 1968) Scénario : Albert Simonin, Georges Lautner et Michel Audiard Dialogues : Michel Audiard.*
La Sirène du Mississippi *(François Truffaut, 1969) Scénario : François Truffaut, d'après le roman* Waltz into darkness *de William Irish. Dialogues : François Truffaut.*
La Folie des grandeurs *(Gérard Oury, 1971) Scénario et dialogues : Gérard Oury, Danièle Thompson, Marcel Jullian.*
Nous ne vieillirons pas ensemble *(Maurice Pialat, 1972) Scénario et dialogues : Maurice Pialat.*
César et Rosalie *(Claude Sautet, 1972) Scénario et dialogues : Claude Sautet, Jean-Loup Dabadie*
La Nuit américaine *(François Truffaut, 1973) Scénario : François Truffaut, Suzanne Schiffman et Jean-Louis Richard. Dialogues : François Truffaut.*
Les Aventures de Rabbi Jacob *(Gérard Oury, 1973) Scénario et dialogues : Danièle Thompson, Josy Eisenberg, Gérard Oury et Roberto De Leonardis.*
La Bonne Année *(Claude Lelouch, 1973) Scénario : Claude Lelouch. Dialogues : Pierre Uytterhoeven et Claude Lelouch.*
Vincent, François, Paul et les autres *(Claude Sautet, 1974) Scénario et dialogues : Jean-Loup Dabadie, Claude Néron, Claude Sautet.*
La Gifle *(Claude Pinoteau, 1974) Scénario : Claude Pinoteau et Jean-Loup Dabadie. Dialogues : Jean-Loup Dabadie.*
Les Valseuses *(Bertrand Blier, 1974) Scénario et dialogues : Bertrand Blier, Philippe Dumarçay.*
L'important c'est d'aimer *(Andrzej Zulawski, 1975) Scénario : Andrzej Zulawski et Christopher Frank. Dialogues : Christopher Frank.*

Un éléphant ça trompe énormément *(Yves Robert, 1976) Scénario : Yves Robert et Jean-Loup Dabadie. Dialogues : Jean-Loup Dabadie.*
Calmos *(Bertrand Blier, 1976) Scénario et dialogues : Bertrand Blier, Philippe Dumarçay.*
Nous irons tous au paradis *(Yves Robert, 1977) Scénario : Yves Robert et Jean-Loup Dabadie. Dialogues : Jean-Loup Dabadie.*
L'Homme qui aimait les femmes *(François Truffaut, 1977) Scénario : François Truffaut, Suzanne Schiffman, Michel Fermaud. Dialogues : François Truffaut.*
Les Bronzés *(Patrice Leconte, 1978) Scénario et dialogues : Patrice Leconte et Le Splendid, d'après la pièce* Amour, Coquillages et Crustacés *du Splendid.*
Sale rêveur *(Jean-Marie Périer, 1978) Scénario : Jean-Marie Périer, Pascal Jardin, Lucien Elia. Dialogues : Pascal Jardin.*
Les Bronzés font du ski *(Patrice Leconte, 1979) Scénario et dialogues : Le Splendid.*
Le Dernier Métro *(François Truffaut, 1980) Scénario et dialogues : François Truffaut, Suzanne Schiffman, Jean-Claude Grumberg.*
La Boum *(Claude Pinoteau, 1980) Scénario : Claude Pinoteau et Danièle Thompson. Dialogues : Danièle Thompson.*
Le Guignolo *(Georges Lautner, 1980) Scénario : Jean Herman. Dialogues : Michel Audiard.*
La Femme d'à côté *(François Truffaut, 1981) Scénario et dialogues : François Truffaut, Suzanne Schiffman, Jean Aurel.*
Clara et les chics types *(Jacques Monnet, 1981) Scénario : Jacques Monnet et Jean-Loup Dabadie. Dialogues : Jean-Loup Dabadie.*
Le Père Noël est une ordure *(Jean-Marie Poiré, 1982) Scénario et dialogues : Jean-Marie Poiré, le Splendid.*
L'As des as *(Gérard Oury, 1982) Scénario et dialogues de Gérard Oury et Danièle Thompson.*
Papy fait de la Résistance *(Jean-Marie Poiré, 1983) Scénario et dialogues : Christian Clavier, Martin Lamotte, Jean-Marie Poiré.*

Les Ripoux *(Claude Zidi, 1983) Scénario et dialogues : Didier Kaminka et Simon Mickael.*
Trois hommes et un couffin *(Coline Serreau, 1985) Scénario et dialogues : Coline Serreau.*
L'Effrontée *(Claude Miller, 1985) Scénario : Claude Miller, Annie Miller, Luc Béraud et Bernard Stora. Dialogues : Claude Miller.*
Mes meilleurs copains *(Jean-Marie Poiré, 1988) Scénario : Christian Clavier et Jean-Marie Poiré. Dialogues : Christian Clavier.*
Itinéraire d'un enfant gâté *(Claude Lelouch, 1988) Scénario et dialogues : Claude Lelouch.*
La vie est un long fleuve tranquille *(Etienne Chatilliez, 1988). Scénario et dialogues : Etienne Chatilliez, Florence Quentin.*
Trop belle pour toi *(Bertrand Blier, 1989) Scénario et dialogues : Bertrand Blier.*
Les Maris, les femmes, les amants *(Pascal Thomas, 1989) Scénario : François Caviglio et Pascal Thomas. Dialogues : Pascal Thomas.*
La Discrète *(Christian Vincent, 1990) Scénario et dialogues : Jean-Pierre Ronssin, Christian Vincent.*
Les Visiteurs *(Jean-Marie Poiré, 1992) Scénario et dialogues : Jean-Marie Poiré, Christian Clavier.*
La Crise *(Coline Serreau, 1992) Scénario et dialogues : Coline Serreau.*
La Cité de la peur *(Alain Berberian, 1994) Scénario et dialogues : Dominique Farrugia, Chantal Lauby, Alain Chabat.*
La Haine *(Mathieu Kassovitz, 1995) Scénario et dialogues : Mathieu Kassovitz.*
La Vérité si je mens *(Thomas Gilou, 1997). Scénario et dialogues : Michel Munz et Gérard Bitton.*
Le Dîner de cons *(Francis Veber, 1998) Scénario et dialogues : Francis Veber.*
Le Fabuleux Destin d'Amélie Poulain *(Jean-Pierre Jeunet, 2001) Scénario : Jean-Pierre Jeunet et Guillaume Laurant. Dialogues : Guillaume Laurant.*
Astérix et Obélix : mission Cléopâtre *(Alain Chabat, 2002) Scénario et dialogues : Alain Chabat, d'après* Astérix et Cléopâtre *de René Goscinny et Albert Uderzo.*
Le Cœur des hommes *(Marc Esposito, 2003) Scénario et dialogues : Marc Esposito.*
Podium *(Yann Moix, 2004) Scénario et dialogues : Yann Moix, Olivier Dazat, Arthur-Emmanuel Pierre.*

Mensonges et trahisons et plus si affinités... *(Laurent Tirard, 2004) Scénario et dialogues : Laurent Tirard, Grégoire Vigneron.*
Brice de Nice *(James Huth, 2005) Scénario : James Huth, Jean Dujardin et Karine Angeli. Dialogues James Huth, Jean Dujardin.*
Camping *(Fabien Onteniente, 2006) Scénario et dialogues : Franck Dubosc, Fabien Onteniente, Philippe Guillard et Emmanuel Booz.*
OSS 117. Le Caire, nid d'espions *(Michel Hazanavicius, 2006) Scénario : Jean-François Halin d'après les romans de Jean Bruce. Dialogues : Michel Michel Hazanavicius, Jean-François Halin.*
Bienvenue chez les Ch'tis *(Dany Boon, 2008) Scénario et dialogues : Dany Boon, Alexandre Charlot, Franck Magnier.*
OSS 117. Rio ne répond plus *(Michel Hazanavicius, 2009) Scénario et dialogues : Michel Hazanavicius, Jean-François Halin, d'après les romans de Jean Bruce.*
LOL (Laughing out loud) *(Liza Azuelos, 2009). Scénario et dialogues : Lisa Azuelos, Nans Delgado.*
Tout ce qui brille *(Géraldine Nakache et Hervé Mimran, 2010) Scénario et dialogues : Géraldine Nakache et Hervé Mimran.*
Intouchables *(Olivier Nakache et Eric Toledano, 2011) Scénario et dialogues : Olivier Nakache et Eric Toledano. D'après le roman* Le Second Souffle *de Philippe Pozzo di Borgo.*
Les Tuche *(Olivier Baroux, 2011) Scénario : Philippe Mechelin. Dialogues : Chantal Lauby, Philippe Mechelin et Olivier Baroux.*
L'amour dure trois ans *(Frédéric Beigbeder, 2012) Scénario et dialogues : Frédéric Beigbeder, Christophe Turpin, Gilles Verdiani, Gaspard Proust.*
Le Sens de la fête *(Olivier Nakache et Eric Toledano, 2017) Scénario et dialogues : Olivier Nakache et Eric Toledano.*
Mademoiselle de Joncquières *(Emmanuel Mouret, 2018). Scénario : Emmanuel Mouret, d'après* Jacques le Fataliste et son maître *de Denis Diderot. Dialogues : Emmanuel Mouret.*

DÉJÀ PARUS, DANS LA COLLECTION DES « 100 »

Les 100 choses à avoir faites au moins une fois dans sa vie à Paris
(*Figaroscope*, 2013)

100 pièges à éviter pour écrire et parler un excellent français
(*Le Figaro littéraire*, 2014)

100 choses à avoir faites au moins une fois dans sa vie à Paris
avec ses enfants
(*Figaroscope*, 2014)

100 bonnes & mauvaises manières à connaître dans la vie
Le Guide du bien-élevé
(*Le Figaro*, 2015)

Les 100 citations et locutions pour ne pas perdre son latin
(*Le Figaro littéraire*, 2015)

100 expressions héritées de l'Histoire
(*Le Figaro littéraire*, 2015)

100 expressions favorites de nos grands-mères
(*Le Figaro littéraire*, 2016)

100 anglicismes à ne plus jamais utiliser !
(*Le Figaro littéraire*, 2016)

100 bonnes & mauvaises manières à connaître.
Le Guide du bien-élevé en vacances
(*Le Figaro*, 2016)

100 lieux du patrimoine français à avoir vus au moins une fois dans sa vie
(*Le Figaro*, 2016)

100 pour cent chic
Le Guide de l'élégance au masculin
(*Le Figaro Magazine*, 2016)

Aux origines des 100 superstitions qui hantent
ou réjouissent notre quotidien
(*Le Figaro*, 2017)

Le Tour de France des 100 péchés mignons
(*Le Figaro*, 2017)

100 lieux pour se ressourcer en France
(*Le Figaro Magazine*, 2017)

100 lieux qui ont fait la France
(*Le Figaro Magazine*, 2017)

100 expressions savoureuses à partager entre petits & grands
(*Le Figaro*, 2017)

100 châteaux qu'il faut connaître à Bordeaux
(*Le Figaro Vin*, 2018)

Les 100 inventions qui font la fierté de la France
(*Le Figaro Magazine*, 2018)

Les 100 expressions à éviter au bureau & ailleurs
(*Le Figaro*, 2018)

Les 100 romans français
(*Le Figaro*, 2018)

Les 100 poèmes (qu'il faut absolument connaître)
(*Le Figaro*, 2019)

L'AUTEUR

Laurence Caracalla est née et vit à Paris. Après avoir travaillé quinze ans dans l'édition, elle collabore aujourd'hui au *Figaro littéraire* et au *Figaro Magazine*. Elle a également écrit une vingtaine d'ouvrages, dont quelques-uns consacrés au savoir-vivre.